CARTEA COMPLETĂ FĂRĂ CEREALE PENTRU MESE

100 de feluri de mâncare bogate în nutrienți, fără cereale pentru o sănătate vibrantă

Florin Diaconescu

Material de drepturi de autor ©202 3

Toate drepturile rezervate

Fără acordul scris corespunzător al editorului și al proprietarului drepturilor de autor, cartea sa nu poate fi folosită sau distribuită în niciun fel, formă sau formă, cu excepția citatelor scurte utilizate într-o recenzie. Această carte nu trebuie considerată un substitut pentru sfaturi medicale, juridice sau alte sfaturi profesionale.

CUPRINS

CUPRINS 3
INTRODUCERE 6
MIC DEJUN 7
   1. Frittata de rosii cu busuioc 8
   2. Pâine cu nucă de cocos 10
   3. Clătite cu spanac chia 12
   4. Omletă cu brânză de măsline 14
   5. Feta Kale Frittata 16
   6. Briose cu fructe de padure proaspete 18
   7. Brânză Dovlecel Vinete 20
   8. Nuggets de broccoli 22
   9. Frittata de conopida 24
   10. Briose cu varză cu nucă de cocos 26
   11. Briose proteice 28
   12. Vafe sănătoase 30
   13. Clătite cu migdale cu brânză 32
   14. Quiche cu legume 34
   15. Briose cu dovleac 36
   16. Lapte de nuci și smântână 38
   17. Plăcintă cu mere Clustere 40
   18. Muesli 42

DULȚURI 44
   19. Caise/Piersici/Ananas 45
   20. Căpșuni/cireșe 47
   21. Afine/prune 49
   22. Sos de mere crud 51
   23. Chutney de fructe acidulat (fermentat) 53
   24. Sos de cireșe de afine 55

Gustări 57
   25. Biscuiți sărati cu unt 58
   26. Biscuiți cu semințe de legume 60
   27. Cidru de mere Paleo gogoși 62
   28. Cupe de matcha caju 64
   29. Batoane cu bombă grasă de arțar pecan 66
   30. C aperitive de conofloră 68

31.	Pâine prăjită cu cartofi dulci	70
32.	de fructe în bourbon	72

PENTRU CARNE 74

33.	Amestec balsamic de vita si ciuperci	75
34.	Mix de oregano de porc	77
35.	Friptură simplă de vită	79
36.	Carne de porc și ardei iute	81
37.	Piure de slănină de cartofi dulci	83
38.	Biluțe de mozzarella învelite cu prosciutto	85
39.	Chiftele de Miel Bulgur	87
40.	Hummus cu Miel măcinat	89
41.	Avocado umplut de miel	91
42.	Dovlecel de vită la cuptor	93
43.	Friptura de Chimen-Lime	95
44.	Verdeață de gură înăbușită în sos de arahide	97
45.	Quesadilla Cheddar Chipotle bogată în proteine	99
46.	Caserolă de Chiftelă de Vită-Pui	101
47.	Cartofi prăjiți cu lămâie	103
48.	Coace de pui italian	105
49.	Tacos crocant de pui slab și verzi	107
50.	carne de pui și curcan	109
51.	Lămâie Usturoi Oregano Pui cu sparanghel	111
52.	Poppers cu nucă de cocos de pui	113
53.	Crusta de pui Margherita Pizza	115
54.	Pui prăjit	117
55.	Shish Kebab cu pui de insula grecească	119
56.	Chicken Kabobs Mexicana	121
57.	Burgeri de pui de vară	123
58.	Creveți cu usturoi	125
59.	Moules Marinieres	127
60.	Midii la abur cu curry de cocos	129
61.	Caserolă cu tăiței cu ton	131
62.	Burgeri cu somon	133
63.	Scoici prăjiți	135
64.	Cod negru	137
65.	Somon Glazed Miso	139

PENTRU LEGUME 141

66.	Paste de dovlecel cu pesto de busuioc	142
67.	Broccoli si rosii	144

68.	Fettuccine de dovlecel cu taco mexican	146
69.	Fasole verde	148
70.	Crema de ciuperci Satay	150
71.	Hamburger de linte cu morcovi	152
72.	Cartofi dulci prăjiți cu parmezan	154
73.	Pachete de conopidă cu parfum de rozmarin	156
74.	Taitei pesto cu dovlecel	158
75.	Cuburi de tempeh de arțar și lămâie	160
76.	Salată de rucola și cartofi dulci	162
77.	Carne de vită cu broccoli sau orez cu conopidă	164
78.	Taitei cu dovlecel de pui	166
79.	Spaghete cu aragaz lent	168
80.	Carne de vită Lo Mein	170

SUPA ȘI TOCANĂ 172

81.	Supă de roșii prăjite	173
82.	Supă Cheeseburger	175
83.	Chili rapid de linte	177
84.	Pui Lămâie-Usturoi	179
85.	Supă cremoasă de conopidă	181
86.	Cr o ckpot Supă de Pui Taco	183
87.	Tofu prăjit cu tocană de sparanghel	185
88.	Supă cremă de roșii de cimbru	187
89.	de ciuperci și jalapeño	189
90.	Supă de conopidă	191

DESERT 193

91.	Budinca de Chia	194
92.	Budincă de lime-avocado	196
93.	Mușcături de Brownie	198
94.	Bile de dovleac	200
95.	Ciocolată Nuci Clusters	202
96.	Bombe cu unt de nucă de cocos și cacao	204
97.	Tort cu afine cu lamaie	206
98.	Scoarță de ciocolată-migdale	208
99.	Alimentarea cu mousse	210
100.	Avocado umplut	212

CONCLUZIE 214

INTRODUCERE

Bine ați venit la „Cartea de bucate completă fără cereale: 100 de mâncăruri bogate în nutrienți, fără cereale pentru o sănătate vibrantă". Într-o lume în care alegerile alimentare joacă un rol vital în bunăstarea noastră generală, decizia de a nu avea cereale este o călătorie către o sănătate și o vitalitate mai bune. Această carte de bucate este ghidul tău pentru a adopta un stil de viață fără cereale și a savura mâncăruri care nu sunt doar delicioase, ci și hrănitoare.

Pe măsură ce ne scufundăm în paginile acestei cărți de bucate, veți descoperi o colecție diversă de 100 de rețete bogate în nutrienți, care nu conțin cereale precum grâul, orezul și porumbul. Mâncarea fără cereale a câștigat popularitate pentru beneficiile sale potențiale pentru sănătate, inclusiv digestie îmbunătățită și energie susținută. Indiferent dacă aveți restricții alimentare sau pur și simplu căutați un mod mai sănătos de a mânca, aceste rețete oferă alternative creative și satisfăcătoare care nu vor compromite aroma.

Credem în puterea alimentelor de a vindeca, de a energiza și de a încânta. Indiferent dacă sunteți un pasionat de sănătate experimentat sau nou în mesele fără cereale, scopul nostru este să vă facem călătoria culinară plăcută și educativă. Deci, haideți să pornim într-o expediție aromată care duce la o sănătate vibrantă prin mese fără cereale.

MIC DEJUN

1. Frittata de rosii cu busuioc

Produce: 2

INGREDIENTE :
- 5 ouă
- 1 lingura ulei de masline
- 7 oz cutie de anghinare
- 1 cățel de usturoi, tocat
- ½ cană de roșii cherry
- 2 linguri busuioc proaspăt, tocat
- ¼ cană brânză feta, mărunțită
- ¼ linguriță de piper
- ¼ linguriță sare

INSTRUCȚIUNI:
a) Gatiti uleiul intr-o tigaie la foc mediu.
b) Se amestecă usturoiul și se călește timp de 4 minute.
c) Adăugați anghinare, busuioc și roșii și gătiți timp de 4 minute.
d) Bate ouale intr-un castron si asezoneaza cu piper si sare.
e) Turnați amestecul de ouă în tigaie și gătiți timp de 5-7 minute.

2. Pâine cu nucă de cocos

Produce: 12

INGREDIENTE:
- 6 ouă
- 1 lingura praf de copt
- 2 linguri de virare
- ½ cană de semințe de in măcinate
- ½ cană făină de cocos
- ½ linguriță de scorțișoară
- 1 lingurita guma xantan
- ⅓ cană lapte de cocos neîndulcit
- ½ cană ulei de măsline
- ½ linguriță sare

INSTRUCȚIUNI:
a) Preîncălziți cuptorul la 375 F.
b) Adăugați ouăle, laptele și uleiul în mixerul cu stand și amestecați până se omogenizează.
c) Adăugați ingredientele rămase și amestecați până se amestecă bine.
d) Se toarnă aluatul într-o tavă unsă cu unt.
e) Coaceți la cuptor pentru 40 de minute.
f) Tăiați și serviți.

3. Clătite cu spanac chia

Produce: 6

INGREDIENTE:
- 4 ouă
- ½ cană făină de cocos
- 1 cană lapte de cocos
- ¼ cană semințe de chia
- 1 cană spanac, tocat
- 1 lingurita de bicarbonat de sodiu
- ½ linguriță de piper
- ½ linguriță sare

INSTRUCȚIUNI:
a) Bateți ouăle într-un castron până devin spumos.
b) Combinați toate ingredientele uscate și adăugați amestecul de ouă și bateți până la omogenizare. Adăugați spanacul și amestecați bine.
c) Tava unsă cu unt și se încălzește la foc mediu.
d) Turnați 3-4 linguri de aluat pe tavă și faceți clătitele.
e) Gătiți clătitele până când se rumenesc ușor pe ambele părți.

4. Omletă cu brânză de măsline

Produce: 4

INGREDIENTE:
- 4 ouă mari
- 2 oz brânză
- 12 măsline, fără sâmburi
- 2 linguri de unt
- 2 linguri ulei de masline
- 1 lingurita de planta de Provence
- ½ linguriță sare

INSTRUCȚIUNI:
a) Adăugați toate ingredientele, cu excepția untului, într-un castron, amestecați bine până devine spumos.
b) Topiți untul într-o tigaie la foc mediu.
c) Se toarnă amestecul de ouă într-o tigaie fierbinte și se întinde uniform.
d) Acoperiți și gătiți timp de 3 minute.
e) Întoarceți omleta în cealaltă parte și gătiți încă 2 minute.

5. **Feta Kale Frittata**

Produce: 8

INGREDIENTE:
- 8 oua, batute
- 4 oz brânză feta, mărunțită
- 6 oz ardei gras, prajit si taiat cubulete
- 5 oz varză de varză
- ¼ cană ceapă verde, feliată
- 2 lingurite ulei de masline

INSTRUCȚIUNI:
a) Gatiti uleiul de masline intr-o tigaie la foc mediu-mare.
b) Se amestecă varza în tigaie și se călește timp de 4-5 minute sau până se înmoaie.
c) Pulverizați aragazul lent cu spray de gătit.
d) Adăugați kale gătită în aragazul lent.
e) Adăugați ceapa verde și ardeiul gras în aragazul lent.
f) Se toarnă ouăle bătute în aragazul lent și se amestecă bine pentru a se combina.
g) Presărați brânză feta mărunțită.
h) Gatiti la foc mic timp de 2 ore.

6. Briose cu fructe de padure proaspete

Produce: 9

INGREDIENTE:
- 2 oua
- ½ linguriță de vanilie
- ½ cană de afine proaspete
- 1 lingurita praf de copt
- 6 picături de stevie
- 1 cană smântână groasă
- 2 cani de faina de migdale
- ¼ cană unt, topit

INSTRUCȚIUNI:
a) Setați cuptorul la 350 F.
b) Se amestecă ouăle în bolul de mixare și se bate până se amestecă bine.
c) Se amestecă ingredientele rămase în ouă.
d) Completați aluatul într-o tavă de brioșe unsă cu unt și coaceți la cuptor pentru 25 de minute. Servi.

7. Brânză Dovlecel Vinete

Produce: 8

INGREDIENTE:
- 1 vinete, tăiată în cuburi de 1 inch
- 1 ½ cană sos de spaghete
- 1 dovlecel mediu, tăiat în bucăți de 1 inch
- ½ cană de brânză parmezan, mărunțită

INSTRUCȚIUNI:
a) Încorporează toate ingredientele în oala de vase și amestecă bine.
b) Acoperiți și gătiți la foc mare timp de 2 ore.
c) Se amestecă bine și se servește.

8. Nuggets de broccoli

Produce: 4

INGREDIENTE:
- 2 albusuri
- 2 cesti buchetele de broccoli
- ¼ cană făină de migdale
- 1 cană brânză cheddar, mărunțită
- ⅛ linguriță sare

INSTRUCȚIUNI:
a) Preîncălziți cuptorul la 350 F.
b) Adăugați broccoli într-un castron și zdrobiți-l cu ajutorul unui piure.
c) Se amestecă ingredientele rămase în broccoli.
d) Puneți 20 de linguri pe o tavă de copt și apăsați ușor.
e) Coaceți în cuptorul preîncălzit timp de 20 de minute.

9. Frittata de conopida

Produce: 1

INGREDIENTE:
- 1 ou
- ¼ cană de orez cu conopidă
- 1 lingura ulei de masline
- ¼ linguriță de turmeric
- Piper
- Sare

INSTRUCȚIUNI:
a) Încorporați toate ingredientele, cu excepția uleiului, în bol și amestecați bine pentru a se combina.
b) Gatiti uleiul intr-o tigaie la foc mediu.
c) Turnați amestecul în tigaia cu ulei încins și gătiți timp de 3-4 minute sau până când devine ușor auriu.

10. Briose cu varză cu nucă de cocos

Produce: 8

INGREDIENTE:
- 6 ouă
- Jumatate de cana lapte de cocos, neindulcit
- 1 cană de varză, tocată
- ¼ linguriță de usturoi pudră
- ¼ linguriță boia
- ¼ cană ceapă verde, tocată

INSTRUCȚIUNI:
a) Preîncălziți cuptorul la 350 F.
b) Adăugați toate ingredientele în bol și amestecați bine.
c) Se toarnă amestecul în tava de brioșe unsă cu uns și se coace la cuptor pentru 30 de minute.

11. Briose proteice

Produce: 12

INGREDIENTE:
- 8 oua
- 2 lingurițe pudră proteică de vanilie
- 8 oz cremă de brânză
- 4 linguri de unt, topit

INSTRUCȚIUNI:
a) Într-un castron mare, înghesuiți cremă de brânză și untul topit.
b) Adăugați ouăle și pudra de proteine și amestecați până se omogenizează bine.
c) Turnați aluatul în tava pentru brioșe unsă.
d) Coaceți la 350 F timp de 25 de minute.

12. Vafe sănătoase

Produce: 4

INGREDIENTE:
- 8 picături de stevie lichidă
- ½ linguriță de bicarbonat de sodiu
- 1 lingura de seminte de chia
- ¼ cană apă
- 2 linguri de unt de seminte de floarea soarelui
- 1 lingurita scortisoara
- 1 avocado, cu coajă, fără sâmburi și piure
- 1 lingurita de vanilie
- 1 lingura suc de lamaie
- 3 linguri faina de cocos

INSTRUCȚIUNI:
a) Preîncălziți fierul de vafe.
b) Într-un castron mic, adăugați apă și semințele de chia și lăsați la înmuiat timp de 5 minute.
c) Pasează împreună untul de semințe de floarea soarelui, sucul de lămâie, vanilia, stevia, amestecul de chia și avocado.
d) Amesteca scortisoara, bicarbonatul de sodiu si faina de cocos.
e) Adăugați ingredientele umede la ingredientele uscate și amestecați bine.
f) Turnați amestecul de vafe în fierul de călcat de vafe și gătiți pe fiecare parte timp de 3-5 minute.

13. Clătite cu migdale cu brânză

Produce: 4

INGREDIENTE:
- 4 ouă
- ¼ linguriță de scorțișoară
- ½ cană cremă de brânză
- ½ cană făină de migdale
- 1 lingura de unt, topit

INSTRUCȚIUNI:
a) Incorporeaza toate ingredientele in blender si mixeaza pana se omogenizeaza.
b) Încinge untul într-o tigaie la foc mediu.
c) Turnați 3 linguri de aluat per clătită și gătiți timp de 2 minute pe fiecare parte.

14. Quiche cu legume

Produce: 6

INGREDIENTE:
- 8 oua
- 1 cană parmezan, ras
- 1 cană lapte de cocos neîndulcit
- 1 cana rosii, tocate
- 1 cană dovlecel, tocat
- 1 lingura de unt
- ½ linguriță de piper
- 1 lingurita sare

INSTRUCȚIUNI:
a) Preîncălziți cuptorul la 400 F.
b) Se incinge untul intr-o tigaie la foc mediu si apoi se adauga ceapa si se caleste pana se inmoaie ceapa.
c) Adăugați roșiile și dovleceii în tigaie și căliți timp de 4 minute.
d) Bateți ouăle cu brânză, laptele, piper și sarea într-un castron.
e) Turnați amestecul de ouă peste legume și coaceți la cuptor pentru 30 de minute.
f) Se feliază și se servește.

15. Briose cu dovleac

Produce: 10

INGREDIENTE:
- 4 ouă
- ½ cană piure de dovleac
- 1 lingurita de condiment pentru placinta cu dovleac
- ½ cană făină de migdale
- 1 lingura praf de copt
- 1 lingurita de vanilie
- ⅓ cană ulei de cocos, topit
- ⅔ cană viraj
- ½ cană făină de cocos
- ½ linguriță sare de mare

INSTRUCȚIUNI:
a) Preîncălziți cuptorul la 350 F.
b) Scourge făină de cocos, condiment pentru plăcintă de dovleac, praf de copt, swerve, făină de migdale și sare de mare.
c) Se amestecă ouăle, vanilia, uleiul de cocos și piureul de dovleac până se combină bine.
d) Turnați aluatul în tava de brioșe unsă cu unt și coaceți la cuptor pentru 25 de minute.

16. Lapte de nuci și smântână

Face: 2 cani de smantana sau 4 cani de lapte

INGREDIENTE:
- 2-4 căni de apă filtrată
- 1 cană nuci de macadamia crude
- 1 cană migdale albite
- 1 cană nucă de cocos mărunțită, neîndulcită
- 2 curmale mari (opțional)
- 1 linguriță extract sau pastă de vanilie (opțional)
- ⅛ linguriță extract de migdale (opțional)
- Un praf de sare de mare
- Fructe de călugăr pur sau îndulcitor preferat după gust

a) Se încălzește 2 căni de apă până când este foarte fierbinte.
b) În timp ce apa se încălzește, adăugați restul ingredientelor în blender.
c) Cand apa este fierbinte se toarna peste ingredientele blenderului. Se lasa sa se odihneasca 5 minute.
d) Amesteca totul timp de aproximativ un minut.
e) Tapetați un castron înalt cu cârpă de brânză sau o pungă cu nuci/suc pentru a turna amestecul și a stoarce lichidul.
f) Ajustați dulceața și aroma de vanilie după gust.
g) Adăugați mai multă apă pentru o consistență de „lapte" sau folosiți ca atare pentru crema de cafea. Se păstrează câteva zile în frigider.

17. Plăcintă cu mere Clustere

Face: aproximativ 8 portii

INGREDIENTE:
- 2 mere tocate sau ½ cană de sos de mere
- 1 cană curmale moi, fără sâmburi
- ¼ cană sirop de arțar
- ¼ cană unt moale sau ulei de cocos
- 2 lingurite extract de vanilie
- 3 căni de amestec de musli
- 1 lingurita de fructe de calugar pur sau stevia (daca folositi lichid, adaugati in robotul de bucatarie)
- 1 lingura scortisoara
- ½ linguriță ienibahar
- ½ linguriță sare de mare

INSTRUCȚIUNI:
a) Preîncălziți cuptorul la 300 ° F și tapetați o tavă de copt cu hârtie de copt.
b) Amestecați merele, curmalele, siropul de arțar, untul sau uleiul de cocos și vanilia până când sunt aproape omogene. Îmi place să las câteva bucăți de mere și curmale neamestecate.
c) Pune muesli într-un castron mare și amestecă îndulcitorul și condimentele.
d) Adăugați conținutul robotului de bucătărie la ingredientele uscate și folosiți-vă mâinile pentru a combina bine.
e) Întindeți uniform pe foaia de copt și coaceți aproximativ o oră, folosind o spatulă pentru a se întoarce și a se deplasa sau rupe bucăți după cum este necesar, de aproximativ 3-4 ori.
f) Opriți cuptorul, spargeți ușa și lăsați să se răcească până devine crocant.
g) Păstrați într-un recipient etanș timp de câteva săptămâni.

18. Muesli

Produce: 12-16 porții

INGREDIENTE:
- 2 căni de nucă de cocos mărunțită
- ⅔ cană făină din semințe de chia
- ⅔ cană de cânepă sau altă sămânță preferată
- ⅔ cană fibră de mere (opțional), vezi Resurse (pagina 296)
- ⅓ cană făină de cocos
- ¼ cană scorțișoară
- 1 linguriță de fructe de călugăr pur
- 1 lingurita sare de mare
- 2 cani de nuci tocate
- 2 cani de nuci pecan tocate, macadamias, caju sau nuci braziliene

INSTRUCȚIUNI:
a) Amestecați nuca de cocos mărunțită, chia măcinată, semințele, fibrele de mere, făina de cocos, scorțișoara, îndulcitorul și sarea într-un castron mare.
b) Pulsați nucile într-un robot de bucătărie până când sunt tocate.
c) Amestecați nucile în bol până când totul se omogenizează.

DULȚURI

19. Caise/Piersici/Ananas

INGREDIENTE:
- 12 uncii (aproximativ 2 căni) de piersici proaspete sau congelate și dezghețate în prealabil, feliate sau ½ ananas
- 10 uncii caise uscate
- 3-4 linguri de miere (de preferință Manuka)
- 2 linguri suc proaspăt de lămâie
- 1 lingurita praf de fructe de calugar pur sau stevia
- ½ linguriță fiecare extract de vanilie și migdale
- Strop de sare de mare

INSTRUCȚIUNI:

a) Adăugați totul în blender și amestecați până la omogenizare.

b) Transferați în borcane sau recipiente și dați la frigider sau înghețați (de obicei, pun la frigider unul și congelez unul).

c) Sfat: Pentru a face piele de fructe, întindeți dulceața subțire pe o folie de tavă și deshidratați la 200°F timp de câteva ore.

20. Căpşuni/cireşe

INGREDIENTE:
- 1 kilogram de căpșuni proaspete sau congelate anterior
- 6 uncii (sau aproximativ 1¼ cani) zmeură (opțional)
- 2 cani de cirese uscate
- 2-4 linguri de miere sau sirop la alegere
- 2 linguri suc proaspăt de lămâie
- ½–1 linguriță de fructe de călugăr pur sau stevie
- ½ linguriță extract de migdale (opțional)
- ⅛ sare de mare

INSTRUCȚIUNI:

a) Adăugați totul în robotul de bucătărie și pulsați de mai multe ori până la consistența dorită. Sau adăugați jumătate din căpșuni și amestecați omogen, apoi amestecați restul ingredientelor.

b) Transferați în borcane sau recipiente și dați la frigider sau înghețați (de obicei, pun la frigider unul și congelez unul).

21. Afine/prune

INGREDIENTE:
- 1 kilogram de afine proaspete sau congelate anterior
- 1 cană de prune uscate (le poți numi prune uscate)
- 2-4 linguri de miere sau sirop la alegere
- 2 linguri suc proaspăt de lămâie
- ½–1 linguriță de fructe de călugăr pur sau stevie
- ½ lingurita vanilie (optional)
- ⅛ sare de mare

INSTRUCȚIUNI:
a) Adăugați totul în robotul de bucătărie și pulsați de mai multe ori până la consistența dorită. Sau adăugați jumătate din căpșuni și amestecați omogen, apoi amestecați restul ingredientelor.
b) Transferați în borcane sau recipiente și dați la frigider sau înghețați (de obicei, pun la frigider unul și congelez unul).

22. Sos de mere crud

INGREDIENTE:
- 6 mere mari (pe coaja este bine)
- 1 banană doar coaptă
- 2–4 curmale, înmuiate în apă sau miere/stevie după gust
- 1 lingura suc de lamaie
- ¼ linguriță de scorțișoară (opțional, sau mai mult după gust)
- Un praf de ienibahar (opțional)

INSTRUCȚIUNI:

a) Pulsați în robotul de bucătărie până se omogenizează.

b) Sfat: Adăugați ½ cană de afine pentru sărbătorile de iarnă, căpșuni pentru Ziua Îndrăgostiților sau alte fructe doar pentru a le schimba ocazional.

23. Chutney de fructe acidulat (fermentat).

INGREDIENTE:
- 3–4 mere, piersici decojite și mărunțite sau ½ ananas tocat
- ½ cană fiecare caise tocate uscate, prune uscate, stafide galbene, merișoare, cireșe, nuci pecan
- 1 praz feliat
- Sucul de la două lămâi
- ¼ cană zer, scurs din iaurt sau chefir de apă sau kombucha (asigură o fermentație bună)
- 2 lingurițe sare de mare
- 1 lingurita scortisoara
- ⅛ linguriță fulgi de ardei roșu
- Apă sau apă de cocos pentru a acoperi

INSTRUCȚIUNI:
a) Într-un castron mare, amestecați toate ingredientele, cu excepția apei.
b) Împachetați în borcane de sticlă curate, lăsând un inch sau doi de spațiu în partea de sus.
c) Se acoperă și se odihnește la temperatura camerei timp de 2-3 zile.
d) Păstrați la frigider până la o lună sau congelați.

24. Sos de cireşe de afine

Face: 4 cani de sos

INGREDIENTE:
- 1 suc de portocală cu coajă subțire, precum Valencia, tocat și fără semințe
- 2 cani de merisoare uscate
- 2 căni de cireșe proaspete fără sâmburi (în prealabil congelate este bine)
- 1 lingurita de fructe de calugar pur sau stevie
- 1 lingurita scortisoara macinata
- ½–⅔ linguriță sare de mare
- ¼ lingurita piper negru macinat
- ¼ lingurita coriandru macinat
- Un praf de cuișoare
- ¼ cană de vin de porto sau suc de cireșe
- ⅓ cană stafide negre (opțional)
- ⅓ cană nuci pecan (opțional)

INSTRUCȚIUNI:
a) Adăugați portocala în robotul de bucătărie și procesați în bucăți mici.
b) Adăugați restul ingredientelor, cu excepția vinului, stafidelor și nucilor pecan și amestecați până se toacă într-un sos gros.
c) Pulsați vinul, stafidele și nucile pecan și adăugați puțină apă pentru a dilua dacă doriți.

Gustări

25. Biscuiți sărati cu unt

Produce: 1 foaie de biscuiti (17 x 12 inchi).

INGREDIENTE:
- 10 uncii de cartof dulce alb sau galben
- 1¾ cani de migdale, caju sau nuci de macadamia (sau 2 cani de faina de nuci)
- ½ cană de unt
- 1 lingura gelatina
- 1½ linguriță sare de mare
- Ou pentru periaj

INSTRUCȚIUNI:
a) Preîncălziți cuptorul la 350°F.
b) Ungeți două folii de copt sau două foi de hârtie de copt cu unt, ghee sau ulei.
c) Prevăzuți cu lama S, pasați cartofii dulci în robotul dvs. de bucătărie până când sunt foarte fin.
d) Se adauga restul ingredientelor (cu exceptia oului) si se paseaza pana se omogenizeaza si pastreaza.
e) Împărțiți aluatul în jumătate și rulați sau apăsați fiecare jumătate în centimetri între cele două foi de hârtie. Fă-ți timp să-l rulezi uniform.
f) Scoateți stratul superior de hârtie și folosiți un tăietor de patiserie sau o spatulă pentru a tăia pătrate sau dreptunghiuri. Dacă hârtia de sus se lipește, pur și simplu transferați aluatul cu hârtie pe o foaie de copt și coaceți cu hârtia pe timp de aproximativ 8 minute, apoi tăiați în pătrate.
g) Îndepărtați orice margini rumenite și înfige un model deasupra cu o furculiță.
h) Bateți oul cu o furculiță până devine spumos, ungeți-l pe biscuiți și stropiți cu sare de mare suplimentară.
i) Reveniți la cuptor și continuați să coaceți până când încep să se rumenească.
j) Opriți cuptorul, deschideți ușa și lăsați să se odihnească aproximativ 30 de minute până când biscuiții devin crocanți.
k) Depozitați într-un recipient etanș.
l) Dacă biscuiții se înmoaie în timp, re-crocanți-i la cuptor la 300°F timp de aproximativ 5-7 minute.

26. Biscuiți cu semințe de legume

Produce: 18–24 biscuiți

INGREDIENTE:
- 1 dovlecel mediu/mic (aproximativ 6–7 uncii)
- ¼ cană ceapă tocată
- ¼ cană ardei gras roșu tocat
- 1½ cani de seminte de dovleac, crude sau usor prajite
- ¼ cană semințe de chia
- 2 catei de usturoi tocati
- 1 crenguță de tarhon proaspăt sau frunze de rozmarin, sau planta ta preferată
- 1 lingura ulei de masline
- 1 lingurita sare de mare
- ½ lingurita piper negru
- Curs de sare de mare pentru stropire

INSTRUCȚIUNI:
a) Preîncălziți cuptorul la 325 ° F și ungeți o tavă de copt tapetată cu ulei de măsline.
b) Procesați legumele până se toacă mărunt.
c) Rezervați ½ cană de semințe de dovleac. Adaugati restul ingredientelor si procesati scurt, pentru ca semintele sa fie tocate putin.
d) Adăugați restul semințelor de dovleac și pulsați de 2-3 ori.
e) Folosiți o cupă mică de înghețată sau aruncați linguri în grămadă pe foaia de copt pregătită, așa cum ați scăpa aluatul de biscuiți.
f) Folosiți un pahar cu fund plat pentru a presa fiecare movilă într-un biscuit subțire, scufundând fundul în apă după fiecare apăsare și stropiți cu mai multă sare de mare, dacă doriți.
g) Coaceți timp de 12-15 minute.
h) Scoateți din cuptor și folosiți o spatulă pentru a răsturna ușor fiecare biscuit, reveniți la cuptor și coaceți încă 12-15 minute sau doar până când marginile încep să se rumenească.
i) Opriți cuptorul și îndepărtați orice biscuiți care, evident, sunt rumeniți și crocanți.
j) Deschide ușa și lasă biscuiții rămași să se odihnească până când sunt toți crocanți.
k) Depozitați într-un recipient etanș. Acestea sunt și congelabile!

27. Cidru de mere Paleo gogoși

Produce: 12 MINI-GOȘIȘI

INGREDIENTE:
GOȘĂRI PALEO
- 1/2 lingurita scortisoara
- 1/2 lingurita de bicarbonat de sodiu
- 1/8 linguriță sare de mare
- 2 oua
- câteva picături de stevia liqui d
- 1/2 cană făină de cocos
- 2 linguri ulei de migdale
- 1/2 cană de cidru de mere cald
- 2 linguri ghee, topit – pentru acoperire

ZAHĂR DE SCORȚISOARĂ
- 1/2 cană zahăr granulat de cocos
- 1 lingura scortisoara

INSTRUCȚIUNI:
a) Preîncălziți aparatul pentru gogoși.
b) Combinați făina de cocos, bicarbonatul de sodiu, scorțișoara și sarea.
c) Bateți ouăle, uleiul și stevia într-un alt castron.
d) Se amestecă ingredientele uscate cu ingredientele umede împreună cu cidru de mere.
e) Puneți aluatul de gogoși în aparatul pentru gogoși.
f) Gatiti 3 minute.
g) Ungeți gogoșile cu ghee topit/unt/ulei de migdale.
h) Se amestecă gogoșile cu amestecul de scorțișoară/zahăr de cocos
.

28. Cupe de matcha caju

INGREDIENTE:
- ⅔ cană unt de cacao
- 3/4 cană pudră de cacao
- ⅓ cană sirop de arțar
- ½ cană unt de caju
- 2 lingurițe pudră matcha
- Sare de mare

INSTRUCȚIUNI:

a) Umpleți o tigaie cu ⅓ cană de apă și puneți deasupra un castron, acoperind tigaia. Odată ce vasul este fierbinte, topește untul de cacao în interiorul vasului. Odată ce s-a topit, se ia de pe foc și se amestecă siropul de arțar și pudra de cacao pentru câteva minute, până când ciocolata se îngroașă.

b) Folosind un suport de cupcake de dimensiune medie, umpleți stratul inferior cu o lingură generoasă de amestec de ciocolată.

c) Congelați timp de 15 minute pentru a se fixa.

d) Scoateți ciocolata congelată din congelator și puneți 1 lingură de aluat de matcha/unt de caju deasupra stratului de ciocolată congelată.

e) Stropiți cu sare de mare și lăsați-o să stea la congelator timp de 15 minute.

29. Batoane cu bombă grasă de arțar pecan

Produse : 12

INGREDIENTE:
- 2 cesti jumatati de nuci pecan
- 1 cană făină de migdale
- ½ cană făină de seminţe de in auriu
- ½ cană de nucă de cocos mărunţită neîndulcit
- ½ cană ulei de cocos
- ¼ cană sirop de arţar
- ¼ linguriţă Stevia lichidă

INSTRUCŢIUNI:
a) Preîncălziţi cuptorul la 350°F şi coaceţi jumătăţile de pelican timp de 5 minute.
b) Scoateţi nucile pecan din cuptor şi puneţi-le într-o pungă de plastic. Zdrobiţi-le cu un sucitor pentru a face bucăţi.
Într-un bol de amestecare, combinaţi ingredientele uscate făină de migdale, făină de seminţe de in aurie şi nucă de cocos mărunţită şi nucile pecan zdrobite.
Adăugaţi siropul de arţar cu ulei de cocos şi Stevia lichidă. Combinaţi toate ingredientele într-un castron mare până când se formează un aluat sfărâmicios.
c) Puneţi aluatul într-o tavă şi apăsaţi-l.
d) Coaceţi timp de 15 minute la 350F sau până când părţile laterale se rumenesc uşor.
e) Cu o spatulă, tăiaţi în 12 felii şi serviţi.

30. C aperitive de conofloră

Produse : 8

INGREDIENTE:
- 14 uncii Florețe de conopidă , tocate
- 3 Ceapă de primăvară tulpini medii
- 3 uncii Cheddar alb mărunțit
- ½ cană făină de migdale
- ½ linguriță Sare
- 3/4 lingurite Piper
- ½ linguriță fulgi de ardei roșu
- ½ linguriță Tarhon, uscat
- ¼ linguriță pudră de usturoi
- 3 linguri ulei de măsline
- 2 lingurițe de semințe de chia

INSTRUCȚIUNI:
a) Preîncălziți cuptorul la 400 de grade Fahrenheit.
b) Într-o pungă de plastic, combinați buchețelele de conopidă, uleiul de măsline, sare și piper. Agitați energic până când conopida este acoperită uniform.
c) Turnați buchețele de conopidă pe o tavă de copt tapetată cu folie. Coaceți 5 minute după aceea.
d) Adăugați conopida prăjită într-un robot de bucătărie și pulsați de câteva ori pentru a o rupe.
e) Într-un castron, combinați toate ingredientele (făina de migdale) până se formează un amestec lipicios.
f) Faceți chiftele din amestecul de conopidă și ungeți-le cu făină de migdale.
g) Coaceți la 400 ° F timp de 15 minute sau până când exteriorul este mai crocant.
h) Scoateți din cuptor, lăsați deoparte să se răcească puțin înainte de servire!

31. Pâine prăjită cu cartofi dulci

INGREDIENTE:
- 2 cartofi dulci mari, tăiați în felii.
- felii de ¼ inch grosime.
- 1 lingura ulei de avocado.
- 1 lingurita sare ½ cana guacamole.
- ½ cană tom atoes, feliate.

INSTRUCȚIUNI:
a) Preîncălziți cuptorul la 425 ° F.
b) Acoperiți o foaie de copt cu hârtie de copt.
c) Ungeți feliile de cartofi cu ulei și sare și puneți-le pe o tavă de copt. Coaceți 5 minute în cuptor, apoi răsturnați și coaceți din nou timp de 5 minute.
d) Acoperiți feliile coapte cu guacamole și roșii.

32. de fructe în bourbon

Face 2 portii

INGREDIENTE:
- ½ cană bile de pepene galben
- ½ cană căpșuni tăiate pe jumătate
- 1 lingura de bourbon
- 1 lingura zahar
- ½ pachet de îndulcitor aspartam
- Crengute de menta proaspata pentru decor

INSTRUCȚIUNI:
a) Combinați biluțele de pepene galben și căpșunile într-un vas de sticlă.
b) Se amestecă cu bourbon, zahăr și aspartam.
c) Se acopera si se da la frigider pana la momentul servirii. Turnați fructele în vasele de desert și decorați cu frunze de mentă.

PENTRU CARNE

33. Amestec balsamic de vita si ciuperci

Produce: 4

INGREDIENTE:
- 2 kg carne de vită, tăiată fâșii
- ¼ cană oțet balsamic
- 2 cani de supa de vita
- 1 lingura de ghimbir, ras
- Suc de ½ lămâie
- 1 cană ciuperci maro, feliate
- Ciupiți de sare și piper negru
- 1 lingurita scortisoara macinata

INSTRUCȚIUNI:
a) În aragazul lent, amestecați toate ingredientele, acoperiți și gătiți la foc mic timp de 8 ore.
b) Împărțiți totul în farfurii și serviți.

34. Mix de oregano de porc

Produce: 4

INGREDIENTE:
- 2 kg friptură de porc
- 7 uncii de pastă de tomate
- 1 ceapa galbena, tocata
- 1 cana supa de vita
- 2 linguri chimen macinat
- 2 linguri ulei de masline
- 2 linguri de oregano proaspăt, tocat
- 1 lingura de usturoi, tocat
- ½ cană de cimbru proaspăt, tocat

INSTRUCȚIUNI:
a) Încingeți o tigaie cu ulei la foc mediu-mare, adăugați friptura, rumeniți-o timp de 3 minute pe ambele părți și apoi transferați-l în aragazul lent.
b) Adăugați ingredientele rămase, amestecați puțin, acoperiți și gătiți la foc mic timp de 7 ore.
c) Se felie friptura, se împarte în farfurii și se servește.

35. Friptură simplă de vită

Produce: 10

INGREDIENTE:
- 5 kilograme friptură de vită
- 2 linguri condimente italiene
- 1 cana supa de vita
- 1 lingura boia dulce
- 3 linguri ulei de masline

INSTRUCȚIUNI:
a) În aragazul lent, amestecați toate ingredientele, acoperiți și gătiți la foc mic timp de 8 ore.
b) Tăiați friptura, împărțiți-o între farfurii și serviți.

36. Carne de porc și ardei iute

Produce: 4

INGREDIENTE:
- 1 ceapa rosie, tocata
- 2 kg carne de porc, măcinată
- 4 catei de usturoi, tocati
- 2 ardei grasi rosii, tocati
- 1 tulpina de telina, tocata
- 25 uncii de roșii proaspete, decojite, zdrobite
- ¼ cană ardei iute verzi, tocat
- 2 linguri de oregano proaspăt, tocat
- 2 linguri praf de chili
- Ciupiți de sare și piper negru
- Un strop de ulei de măsline

INSTRUCȚIUNI:
a) Încingeți o tigaie cu ulei la foc mediu-înalt și adăugați ceapa, usturoiul și carnea. Se amestecă și se rumenește timp de 5 minute, apoi se transferă în aragazul lent.
b) Adăugați restul ingredientelor, amestecați, acoperiți și gătiți la foc mic timp de 8 ore.
c) Împărțiți totul în boluri și serviți.

37. Piure de slănină de cartofi dulci

Produce: 4

INGREDIENTE:
- 3 cartofi dulci, decojiti
- 4 uncii de bacon, tocat
- 1 cană bulion de pui
- 1 lingura de unt
- 1 lingurita sare
- 2 uncii parmezan, ras

INSTRUCȚIUNI:
a) Tăiați cubulețe cartofii dulci și puneți-l în tigaie.
b) Adăugați supa de pui și închideți capacul.
c) Fierbeți legumele până sunt moi.
d) După aceasta, scurgeți supa de pui.
e) Pasează cartofii dulci cu ajutorul mașinii de piure de cartofi. Adăugați brânza rasă și untul.
f) Amestecați sarea și baconul tocat. Prăjiți amestecul până devine crocant (10-15 minute).
g) Adăugați slănină fiartă în piureul de cartofi dulci și amestecați cu ajutorul lingurii.
h) Se recomandă servirea mesei calde sau fierbinți.

38. Biluțe de mozzarella învelite cu prosciutto

Produce: 4

INGREDIENTE:
- 8 bile de mozzarella, mărimea cireșei
- 4 uncii de slănină, feliată
- ¼ lingurita piper negru macinat
- ¾ lingurita rozmarin uscat
- 1 linguriță unt (⅛ grăsime sănătoasă)

INSTRUCȚIUNI:
a) Presărați slănina feliată cu piper negru măcinat și rozmarin uscat.
b) Înfășurați fiecare bilă de mozzarella în slănină feliată și fixați-le cu scobitori.
c) Topiți untul.
d) Ungeți bilele de mozzarella învelite cu unt.
e) Tapetați tava de copt cu pergament și aranjați în ea bile de mozzarella.
f) Coaceți masa timp de 10 minute la 365F.

39.Chiftele de Miel Bulgur

Produce: 6

INGREDIENTE:
- 1 cană și jumătate de iaurt grecesc
- ½ linguriță de chimion, măcinat
- 1 cană de castraveți, mărunțiți
- ½ lingurita de usturoi, tocat
- Ciupiți de sare și piper negru
- 1 cană bulgur
- 2 căni de apă
- 1 kilogram de miel, măcinat
- ¼ cană pătrunjel, tocat
- ¼ cană eșalotă, tocată
- ½ linguriță de ienibahar, măcinat
- ½ linguriță de scorțișoară pudră
- 1 lingura ulei de masline

INSTRUCȚIUNI:
a) Combinați bulgurul cu apa într-un bol, acoperiți vasul, lăsați deoparte 10 minute, scurgeți și transferați într-un bol.
b) Adăugați carnea, iaurtul și restul ingredientelor cu excepția uleiului, amestecați bine și modelați chiftele medii din acest amestec.
c) Se preincalzeste uleiul intr-o tigaie la foc mediu-mare, se adauga chiftelele, se fierbe 7 minute pe fiecare parte, se aranjeaza pe toate pe un platou si se servesc ca aperitiv.

40. Hummus cu Miel măcinat

Produce: 8

INGREDIENTE:
- 10 uncii de hummus
- 12 uncii carne de miel, măcinată
- ½ cană semințe de rodie
- ¼ cană pătrunjel, tocat
- 1 lingura ulei de masline

INSTRUCȚIUNI:
a) Gătiți uleiul într-o tigaie la foc mediu-înalt, adăugați carnea și rumeniți timp de 15 minute, amestecând des.
b) Întindeți humusul pe un platou, întindeți mielul măcinat peste tot, întindeți și semințele de rodie și pătrunjelul și serviți cu chipsuri pita ca gustare.

41. Avocado umplut de miel

Produce: 4

INGREDIENTE:
- 2 avocado
- 1 ½ cană de miel tocat
- ½ cană brânză cheddar
- ½ cană de brânză parmezan, rasă
- 2 linguri migdale, tocate
- 1 lingura coriandru, tocat
- 2 linguri ulei de masline
- 1 rosie, tocata
- 1 jalapeno, tocat
- Sare si piper dupa gust
- 1 lingurita de usturoi, tocat
- Ghimbir de 1 inch, tocat

INSTRUCȚIUNI:
a) Tăiați avocado în jumătate. Scoateți groapa și scoateți puțină carne pentru a o umple mai târziu.
b) Într-o tigaie, adăugați jumătate din ulei.
c) Aruncați ghimbirul, usturoiul timp de 1 minut.
d) Adăugați mielul și amestecați timp de 3 minute.
e) Adăugați roșia, coriandru, parmezan, jalapeno, sare, piper și gătiți timp de 2 minute.
f) Luați focul. Umpleți avocado.
g) Presărați migdalele, brânza cheddar și adăugați ulei de măsline deasupra.
h) Se adaugă pe o foaie de copt și se coace timp de 30 de minute. Servi.

42. Dovlecel de vită la cuptor

Produce: 4

INGREDIENTE:
- 2 dovlecei mari
- 1 cană carne tocată de vită
- 1 cană ciuperci, tocate
- 1 rosie, tocata
- ½ cană spanac, tocat
- 1 lingura arpagic, tocat
- 2 linguri ulei de masline
- Sare si piper dupa gust
- 1 lingura unt de migdale
- 1 lingurita praf de usturoi
- 1 cană brânză cheddar, rasă
- ⅓ linguriță pudră de ghimbir

INSTRUCȚIUNI:
a) Preîncălziți cuptorul la 400 de grade F.
b) Adăugați folie de aluminiu pe o tavă de copt.
c) Tăiați dovlecelul în jumătate. Scoateți semințele și faceți buzunare pentru a le umple mai târziu.
d) Intr-o tigaie adauga uleiul de masline.
e) Aruncă carnea de vită până se rumenește.
f) Adăugați ciupercile, roșiile, arpagicul, sare, piper, usturoi, ghimbir și spanacul.
g) Gatiti 2 minute. Luați focul.
h) Umpleți dovleceii folosind amestecul.
i) Adăugați-le pe tava de copt. Se presara branza deasupra.
j) Adăugați untul deasupra. Coaceți timp de 30 de minute. Serviți cald.

43. Friptura de Chimen-Lime

Produce: 4

INGREDIENTE:
- 20 Odată. Friptură cu coastă slabă
- 6 blaturi de broccoli
- ½ cană de bulion de vită
- ¼ de lingură suc de lămâie
- 1 ½ lingură de chimen măcinat
- 1 ½ lingură de coriandru măcinat
- 2 catei mari de usturoi tocati marunt
- 3 kilograme de ulei de măsline

INSTRUCȚIUNI:
a) Amestecă toate ingredientele pentru marinată (cu excepția uleiului) într-un blender.
b) Adăugați ulei într-un mixer cu motorul funcționând încet.
c) Se da la frigider si se acopera pana este gata de utilizare. Turnați 1 cană de marinată peste fripturi într-un vas de sticlă, acoperind cu toate părțile.
d) Se acopera si se lasa la racit 6 ore (sau peste noapte).
e) Grătiți peste cărbuni de mărime medie, întorcându-le regulat și curățați cu ½ cană de marinată rămasă.
f) Se fierbe broccoli pe partea laterală și se servește.

44. Verdeață de gură înăbușită în sos de arahide

Produce: 4

INGREDIENTE:
- 2 cani de supa de pui
- 12 cesti de verdeata tocata
- 5 linguri de unt de arahide pudra
- 3 catei de usturoi, macinati
- 1 lingurita de sare
- ½ linguriță de ienibahar
- ½ linguriță de piper negru
- 2 lingurite de suc de lamaie
- ¾ lingurita de sos iute
- 1 ½ kilograme de muschi de porc

INSTRUCȚIUNI:
a) Luați o oală cu un capac strâns și combinați gulele cu usturoiul, supa de pui, sosul iute și jumătate din piper și sare.
b) Gatiti la foc mic timp de 60 de minute.
c) Odată ce guldul este fraged, amestecați sucul de lămâie în ienibahar.
d) Și unt de arahide pudră.
e) Păstrați cald.
f) Asezonați muschiul de porc cu piperul și sarea rămase și prăjiți într-un cuptor de pâine timp de 10 minute când aveți o temperatură internă de 145F.
g) Asigurați-vă că întoarceți muschiul la fiecare 2 minute pentru a obține o rumenire uniformă peste tot.
h) După aceea, puteți scoate carnea de porc din cuptor și lăsați-o să se odihnească aproximativ 5 minute.
i) Tăiați carnea de porc după cum doriți și serviți-o deasupra verdețurilor fierte.

45. Quesadilla Cheddar Chipotle bogată în proteine

Produce: 4

INGREDIENTE:
- Tortile
- 2 căni de brânză de vaci
- 2 căni de brânză Cheddar
- 1 ardei gras
- 1 cană ciuperci Portobello
- 2-3 linguri condimente Chipotle
- Salsa ușoară, pentru scufundare

INSTRUCȚIUNI:
a) Adauga ardeiul gras (taiat, rosu) si ciupercile (taiate felii) intr-o tigaie mare, la foc mediu.
b) Gatiti aproximativ 10 minute pana se inmoaie. Scoateți apoi transferați într-un castron (mediu). Pus deoparte.
c) Adăugați condimentele chipotle și brânza de vaci într-un castron mic. Se amestecă bine pentru a se încorpora.
d) Așezați tortilla pe tigaia pentru grătar și turnați amestecul de legume peste tortilla.
e) Presărați amestecul de brânză de vaci deasupra și apoi completați cu brânză cheddar (mărunțită).
f) Puneți o tortilla suplimentară deasupra umpluturii.
g) Gatiti aproximativ 2 minute, apoi intoarceti si continuati sa gatiti inca un minut.
h) Repetați procesul cu tortilla și umplutura rămase.
i) Serviți imediat cu salsa (ușoară).

46. Caserolă de Chiftelă de Vită-Pui

Produce: 7

INGREDIENTE:
- 1 vinete
- 10 uncii de pui măcinat
- 8 uncii carne de vită măcinată
- 1 lingurita de usturoi tocat
- 1 lingurita piper alb macinat
- 1 rosie
- 1 ou
- 1 lingură făină de cocos
- 8 uncii parmezan, mărunțit
- 2 linguri de unt
- ⅓ cană smântână

INSTRUCȚIUNI:
a) Combinați puiul măcinat și carnea de vită într-un castron mare.
b) Adăugați usturoiul tocat și piper alb măcinat.
c) În castron spargeți oul cu amestecul de carne tocată și amestecați-l cu grijă până se omogenizează bine.
d) Apoi adăugați făina de cocos și amestecați.
e) Faceți chiftele mici din carnea tocată.
f) Preîncălziți friteuza cu aer la 360 F.
g) Stropiți cu unt tava de coș pentru friteuza cu aer și turnați smântâna.
h) Curata vinetele si tai-o marunt.
i) Peste crema se pun chiftelele si se stropesc vinetele tocate.
j) Tăiați roșia felii și puneți-o peste vinete.
k) Faceți un strat de brânză mărunțită peste roșia tăiată felii.
l) Puneți caserola în friteuza și gătiți-o timp de 21 de minute.
m) Lăsați caserola să se răcească la temperatura camerei înainte de servire.

47. Cartofi prăjiți cu lămâie

Produce: 5

INGREDIENTE:
- 3 căni de supă de pui
- ½ linguriță de piper negru măcinat
- 1 lingurita de oregano
- 2 lingurite de sare
- 2 lămâi, trebuie extras sucul
- ⅓ cană de ulei de măsline
- 3 kilograme de cartofi, trebuie curățați și tăiați în felii

INSTRUCȚIUNI:
a) Preîncălziți cuptorul la 400F
b) Luați un castron mare și puneți toate feliile de cartofi. Pulverizați zeama de lămâie și uleiul de măsline peste felii și amestecați-le împreună pentru a se acoperi. Apoi asezonați cartofii cu piper negru, oregano și sare și mai amestecați o dată pentru a avea un strat.
c) Luați o tigaie de 2 inci adâncime și întindeți felii de cartofi înăuntru într-un singur rând. Urmează să turnați bulionul de pui deasupra cartofilor.
d) Prăjiți cartofii în cuptorul deja preîncălzit până devin aurii și fragezi în aproximativ 1 oră.

48. Coace de pui italian

Produce: 6

INGREDIENTE:
- ¼ cană de parmezan
- ½ cană d iaurt grecesc simplu cu conținut scăzut de grăsimi
- 4 linguri de crema de branza
- 1 cană de sos de roșii cu conținut scăzut de carbohidrați
- ½ linguriță de condimente italiene
- ½ linguriță de pudră de usturoi
- 10 uncii de pui mărunțit

INSTRUCȚIUNI:
a) Preîncălziți cuptorul la 350F
b) Luați o caserolă de sticlă unsă și puneți puiul deja mărunțit.
c) Se amestecă toate ingredientele rămase, cu excepția parmezanului
d) Turnați amestecul de sos de roșii pe care îl aveți peste pui
e) Apoi acoperiți cu parmezan
f) Coaceți 25-30 de minute sau până când caserole încep să scoată bule.

49. Tacos crocant de pui slab și verzi

Produce: 4

INGREDIENTE:
- ½ cană bulion de pui cu conținut scăzut de sodiu
- 2 piept de pui, tocat
- 1 catel de usturoi, tocat
- 3 rosii prune, tocate
- 1 lingurita chimen praf
- 1 lingurita de scortisoara pudra
- 1 lingurita coriandru macinat
- ½ chili roşu, tocat
- 1 lingura suc de lamaie
- Carne de la 1 avocado copt
- 1 castravete

INSTRUCȚIUNI:

a) Pune o lingura de supa de pui intr-o tigaie si incinge la foc mediu. Soteşte puiul, usturoiul şi roşiile cu apă timp de 4 minute sau până când roşiile se ofilesc.

b) Asezonați cu chimen, scorțişoară şi coriandru. Reduceți focul la mic şi gătiți încă 5 minute. Se da deoparte si se lasa sa se raceasca.

c) Încorporați ceapa, chili, suc de lămâie şi piure de avocado. Aceasta este salsa.

d) Scoateți salsa şi puneți deasupra castraveților tăiați felii. Acoperiți cu pui fiert.

50. carne de pui și curcan

Produce: 9

INGREDIENTE:
- 3 linguri de unt
- 10 uncii de curcan măcinat
- 7 uncii de pui măcinat
- 1 lingurita marar uscat
- ½ lingurita coriandru macinat
- 2 linguri faina de migdale
- 1 lingura de usturoi tocat
- 3 uncii spanac proaspăt
- 1 lingurita sare
- 1 ou
- ½ lingură boia
- 1 lingurita ulei de susan

INSTRUCȚIUNI:
a) Pune curcanul și puiul măcinat într-un castron mare.
b) Stropiți carnea cu mărar uscat, coriandru măcinat, făină de migdale, usturoi tocat, sare și boia de ardei.
c) Apoi toaca spanacul proaspat si adauga-l in amestecul de pasare macinata.
d) Rupeți oul în amestecul de carne și amestecați bine până obțineți o textură netedă.
e) Ungeți cu ulei de măsline tava coșului pentru friteuza.
f) Preîncălziți friteuza cu aer la 350 F.
g) Rulați ușor amestecul de carne tocată pentru a face stratul plat.
h) Pune untul în centrul stratului de carne.
i) Din amestecul de carne tocată se face forma chiflei. Utilizați vârful degetelor pentru acest pas.
j) Așezați chifla de carne în tava coșului pentru friteuza cu aer.
k) Gatiti 25 de minute.
l) Când friptura este gătită, lăsați-o să se odihnească înainte de servire.

51. Lămâie Usturoi Oregano Pui cu sparanghel

Produce: 4

INGREDIENTE:
- 1 lămâie mică, cu suc
- 1 ¾ de kilograme de pulpe de pui cu os, fără piele
- 2 linguri de oregano proaspăt, tocat
- 2 catei de usturoi, tocati
- 2 lbs. de sparanghel, tuns
- ¼ de linguriță fiecare sau mai puțin pentru piper negru și sare

INSTRUCȚIUNI:
a) Preîncălziți cuptorul la aproximativ 350°F.
b) Pune puiul într-un castron de mărime medie. Acum, adăugați usturoiul, oregano, sucul de lămâie, piperul și sarea și amestecați împreună pentru a se combina.
c) Prăjiți puiul în cuptorul pentru friteuză până când atinge o temperatură internă de 165 ° F în aproximativ 40 de minute. Odată ce pulpele de pui s-au fiert, se scot și se lasă deoparte să se odihnească.
d) Acum, aburați sparanghelul pe o plită sau într-un cuptor cu microunde până la nivelul dorit.
e) Serviți sparanghelul cu pulpele de pui prăjite.

52. Poppers cu nucă de cocos de pui

Produce: 6

INGREDIENTE:
- ½ cană făină de cocos
- 1 lingurita fulgi de chili
- 1 lingurita piper negru macinat
- 1 lingurita praf de usturoi
- 11 uncii piept de pui, dezosat, fără piele
- 1 lingura ulei de masline

INSTRUCȚIUNI:
a) Tăiați pieptul de pui în cuburi mari și puneți-le într-un castron mare.
b) Stropiți cuburile de pui cu fulgi de chili, piper negru măcinat, pudră de usturoi și amestecați-le bine cu mâinile.
c) După aceasta, stropiți cuburile de pui cu făina de migdale.
d) Agitați ușor bolul cu cubulețele de pui pentru a acoperi carnea.
e) Preîncălziți friteuza cu aer la 365 F.
f) Ungeți cu ulei de măsline tava coșului pentru friteuza.
g) Puneți cuburile de pui înăuntru.
h) Gătiți piciorii de pui timp de 10 minute.
i) Întoarceți piciorii de pui după 5 minute de gătit.
j) Lăsați poppers de pui gătiți să se răcească înainte de servire.

53.Crusta de pui Margherita Pizza

Produce: 2

INGREDIENTE:
- ¼ cană de busuioc tocat
- 2 rosii prune, de feliat
- ½ cană de sos de roșii fără zahăr (cum ar fi Rao's Homemade)
- ½ linguriță de condimente italiene
- 2 linguri de parmezan ras
- 1 ou
- ½ kg de piept de pui măcinat

INSTRUCȚIUNI:
a) Preîncălziți cuptorul la 400F.
b) Combinați pieptul de pui măcinat, oul, parmezanul și condimentele italiene într-un castron de mărime medie. Apoi, formați amestecul de pui într-o tavă de copt tapetată cu pergament, dar ușor unsă cu o formă asemănătoare cu o crustă subțire și circulară. Coaceți aproximativ 20 de minute când ar fi trebuit să devină auriu.
c) Acoperiți cu felii de roșii, brânză și sos și coaceți până când brânza se topește în aproximativ 7-10 minute.
d) Apoi acoperiți cu busuioc proaspăt înainte de a servi.

54. Pui prăjit

Produce: 4

INGREDIENTE:
- ½ cană supă de pui, cu conținut scăzut de sodiu
- 12 uncii piept de pui fără piele, tăiat în fâșii
- 1 cană de ardei gras roșu, fără semințe și tocat
- 8 uncii (1 cană) de broccoli, tăiat în buchețele
- 1 lingurita de ardei rosu macinat

INSTRUCȚIUNI:
a) Pune o cantitate mică de bulion de pui într-o cratiță. Se încălzește la foc mediu și se amestecă puiul.
b) Sotește puiul cu apă timp de cel puțin 5 minute, amestecând constant.
c) Puneți restul ingredientelor și amestecați.
d) Acoperiți și gătiți încă 5 minute.

55. Shish Kebab cu pui de insula grecească

Produce: 6

INGREDIENTE:
- 12 mediu de ciuperci proaspete
- 12 roșii cherry
- 2 ardei gras roșii sau verzi mari, tăiați felii
- 2 kg de piept de pui fără piele și dezosat
- ¼ linguriță de piper negru măcinat
- ¼ lingurita de sare
- ½ linguriță de cimbru uscat
- 1 lingurita de oregano uscat
- 1 lingurita de chimen macinat
- 2 catei de usturoi, de tocat
- ¼ cană de oțet alb
- ¼ cană de suc de lămâie
- ¼ cană de ulei de măsline

INSTRUCȚIUNI:
a) Bateți piperul negru, sarea, cimbrul, oregano, chimenul, usturoiul, oțetul, sucul de lămâie și uleiul de măsline într-un castron mare de ceramică sau pahar. Adăugați pui și amestecați pentru a obține un strat complet.
b) Luați o folie de plastic pentru a acoperi vasul și puneți-o la frigider pentru a marina timp de cel puțin 2 ore.
c) Pune frigaruile de lemn in apa si lasam la inmuiat aproximativ 30 de minute inainte de a le folosi.
d) Luați un grătar în aer liber, ungeți ușor grătarul și preîncălziți la foc mediu-mare.
e) Luați puiul din marinadă și îndepărtați excesul de lichid din el. Apoi, turnați marinada rămasă. Urmează să fileți puiul marinat cu ciuperci, roșii cherry, ceapă și ardei gras pe frigărui.
f) Apoi puneți frigăruile pe grătarul deja preîncălzit și gătiți, întoarceți-vă cât mai des până devine maro pe toate părțile sale, așteptați aproximativ 10 minute când puiul nu trebuie să mai fie roz din centrul său.

56. Chicken Kabobs Mexicana

Produce: 4

INGREDIENTE:
- 10 roșii cherry
- 1 ardei gras roșu, trebuie tăiat în bucăți de 1 inch
- 1 dovlecel mic, trebuie tăiat în felii de ½ inch
- 2 jumătăți de sân, cu osul și pielea îndepărtate
- Piper negru și sare după gust
- 1 lime, ar trebui să fie suc
- 2 linguri de coriandru proaspăt tocat
- 1 lingurita de chimen macinat
- 2 linguri de ulei de măsline

INSTRUCȚIUNI:
a) Luați un fel de mâncare puțin adânc și amestecați în interior sucul de lămâie, coriandru tocat, chimen și ulei de măsline. Se condimentează apoi cu piper și sare. Adăugați pui și asigurați-vă că îl amestecați foarte bine. Acoperiți cu un capac nu mai puțin de 1 oră.
b) Lăsați grătarul să se preîncălzească la foc mare.
c) Așezați roșiile, ardeiul gras roșu, ceapa, dovlecelul și puiul pe frigărui.
d) Folosiți ulei pentru a peria grătarul și aranjați frigăruile pe grătarul fierbinte. Lăsați-l să fiarbă aproximativ 10 minute până când puiul este gătit bine. Ar trebui să vă întoarceți la intervale, astfel încât toate părțile sale să fie bine gătite.

57. Burgeri de pui de vară

Produce: 7

INGREDIENTE:
- 4 felii de brânză provolone
- 4 linguri de maioneza
- 4 rulouri (spaturi) de chifle pentru hamburger
- Piper și sare după gust
- 4 jumătăți de piept cu osul și pielea îndepărtate, piept de pui dezosat, fără piele
- 1 ceapă mare de Vidalia, de tăiat rondele
- 1 lingura de unt
- 1 lingura de suc de lamaie
- 1 avocado copt, trebuie feliat

INSTRUCȚIUNI:
a) Luați un castron mic și combinați sucul de lămâie și avocado feliat. Adaugă apă până le acoperă și pune-le deoparte. Luați un grătar în aer liber, aplicați un ulei ușor pe răzătoare și preîncălziți la foc mare.
b) Pune untul într-o tigaie mare și grea și pune-l la foc mediu-mare. Se caleste ceapa pana devine maronie si se caramelizeaza, apoi se pune deoparte.
c) Asezonați puiul cu piper și sare. Așezați-l pe grătar și lăsați-l să fiarbă până când sucul se usucă și nu mai este roz, folosind aproximativ 5 minute pentru fiecare parte. Așezați chiflele pe grătar până când sunt prăjite.
d) Urmează să întindeți chiflele cu maioneză după gust, apoi să le puneți în strat cu avocado, provolone, ceapă caramelizată și pui.

58. Creveți cu usturoi

Produce: 2

INGREDIENTE:
- 1 kilogram de creveți
- ¼ lingurita de bicarbonat de sodiu
- 2 linguri ulei
- 2 lingurite de usturoi tocat
- ¼ cană de vermut
- 2 linguri de unt nesarat
- 1 lingurita patrunjel

INSTRUCȚIUNI:
a) Într-un castron puneți creveții cu bicarbonat de sodiu și sare, lăsați-i să stea câteva minute
b) Într-o tigaie se încălzește ulei de măsline și se adaugă creveții
c) Se adauga usturoiul, fulgii de ardei rosu si se fierbe 1-2 minute
d) Adăugați vermut și gătiți încă 4-5 minute
e) Cand este gata, se ia de pe foc si se serveste

59. Moules Marinieres

Produce: 4

INGREDIENTE:
- 2 linguri de unt nesarat
- 1 praz
- 1 eșalotă
- 2 catei de usturoi
- 2 foi de dafin
- 1 cană de vin alb
- 2 kilograme midii
- 2 linguri maioneza
- 1 lingura coaja de lamaie
- 2 linguri patrunjel
- 1 pâine cu aluat

INSTRUCȚIUNI:
a) Într-o cratiță se topește untul, se adaugă prazul, usturoiul, foile de dafin, eșapa și se fierbe până când legumele sunt moi
b) Se aduce la fierbere, se adaugă scoici și se fierbe timp de 1-2 minute
c) Transferați midiile într-un castron și acoperiți
d) Adăugați untul rămas cu maioneza și puneți midiile în oală
e) Adăugați sucul de lămâie, pătrunjelul coaja de lămâie și amestecați pentru a se combina

60. Midii la abur cu curry de cocos

Produce: 4

INGREDIENTE:
- 6 fire de coriandru
- 2 catei de usturoi
- 2 eșalote
- ¼ linguriță de semințe de coriandru
- ¼ de linguriță fulgi de chili roșu
- 1 lingurita coaja
- 1 cutie lapte de cocos
- 1 lingura ulei vegetal
- 1 lingura pasta de curry
- 1 lingura zahar brun
- 1 lingura sos de peste
- 2 kilograme midii

INSTRUCȚIUNI:
a) Într-un castron combinați coaja de lămâie, tulpinile de coriandru, eșapa, usturoiul, semințele de coriandru, chili și sarea
b) Intr-o cratita se incinge uleiul, usturoiul, salota, pasta macinata si pasta de curry
c) Gatiti 3-4 minute, adaugati laptele de cocos, zaharul si sosul de peste
d) Aduceți la fiert și adăugați scoici
e) Adăugați sucul de lămâie, frunzele de coriandru și gătiți încă câteva minute
f) Cand este gata, se ia de pe foc si se serveste.

# 61. Caserolă cu tăiței cu ton

Produce: 4

INGREDIENTE:
- 2 uncii tăiței cu ou
- 4 uncii frage
- 1 ou
- 1 lingură suc de la 1 lămâie
- 1 conserve de ton
- ¼ cană pătrunjel

INSTRUCȚIUNI:
a) Puneți tăițeii într-o cratiță cu apă și aduceți la fiert
b) Într-un castron combinați oul, crema frage și sucul de lămâie, amestecați bine
c) Când tăițeii sunt gătiți, adăugați amestecul de crème frage în tigaie și amestecați bine
d) Adauga tonul, patrunjel suc de lamaie si amesteca bine
e) Cand este gata, se ia de pe foc si se serveste.

62. Burgeri cu somon

Produce: 4

INGREDIENTE:
- 1 kg file de somon
- ¼ frunze de mărar
- 1 lingura miere
- 1 lingura de hrean
- 1 lingura mustar
- 1 lingura ulei de masline
- 2 rulouri prăjite
- 1 avocado

INSTRUCȚIUNI:
a) Puneți fileurile de somon într-un blender și amestecați până la omogenizare, transferați într-un castron, adăugați mărar, miere, hrean și amestecați bine
b) Adăugați sare și piper și formați 4 chiftelute
c) Într-un castron combinați muștarul, mierea, maioneza și mărarul
d) Într-o tigaie, încălziți uleiul, adăugați chiftele de somon și gătiți timp de 2-3 minute pe fiecare parte
e) Când este gata, se ia de pe foc
f) Salata verde si ceapa impartite intre chifle
g) Deasupra puneți chifleta de somon și puneți cu lingură amestecul de muștar și felii de avocado

63. Scoici prăjiți

Produce: 4

INGREDIENTE:
- 1 kilogram de scoici de mare
- 1 lingura ulei de canola

INSTRUCȚIUNI:
a) Se condimentează scoici și se dă la frigider pentru câteva minute
b) Într-o tigaie încălziți uleiul, adăugați scoici și gătiți timp de 1-2 minute pe fiecare parte
c) Cand este gata, se ia de pe foc si se serveste

64. Cod negru

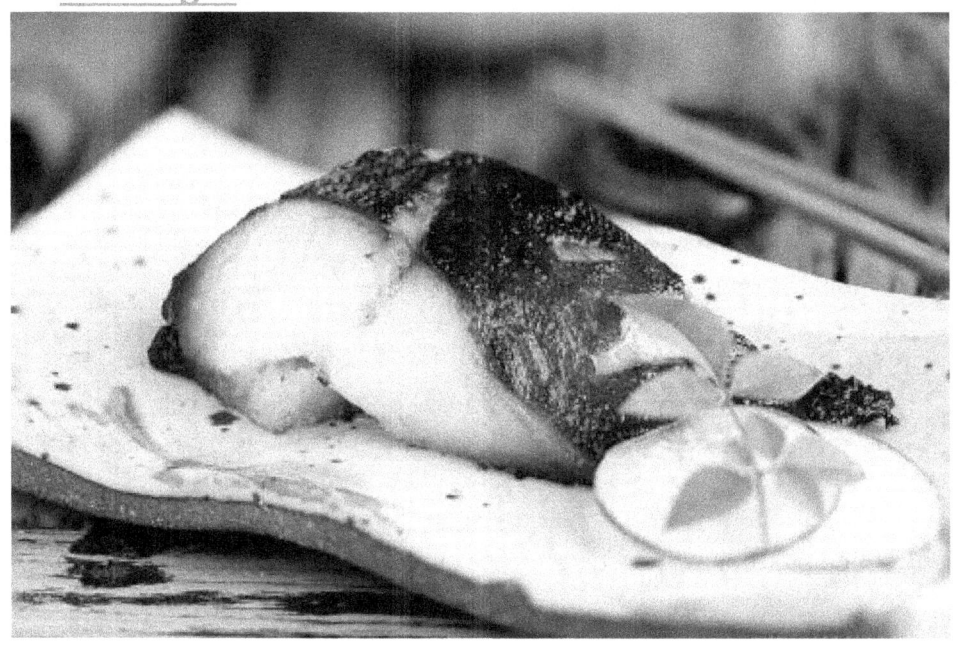

Produce: 4

INGREDIENTE:
- ¼ cană pastă miso
- ¼ cană sake
- 1 lingura mirin
- 1 lingurita sos de soia
- 1 lingura ulei de masline
- 4 file de cod negru

INSTRUCȚIUNI:
a) Într-un castron combinați miso, sosul de soia, uleiul și sake-ul
b) Frecați amestecul peste fileurile de cod și lăsați-l la marinat 20-30 de minute
c) Ajustați fileul de cod la grătar și la grătar timp de 10-12 minute
d) Când peștele este fiert, se scoate și se servește

65. Somon Glazed Miso

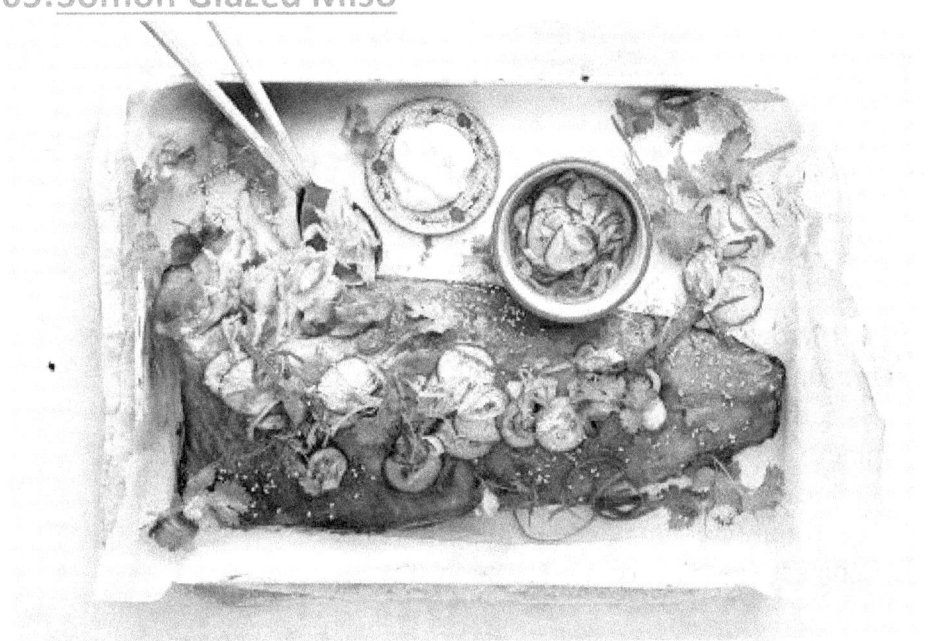

Produce: 4

INGREDIENTE:
- ¼ cană miso roșu
- ¼ cană sake
- 1 lingura sos de soia
- 1 lingura ulei vegetal
- 4 fileuri de somon

INSTRUCȚIUNI:
a) Într-un castron combinați sake-ul, uleiul, sosul de soia și miso
b) Frecați amestecul peste fileurile de somon și marinați timp de 20-30 de minute
c) Preîncălziți un broiler
d) Prăjiți somonul timp de 5-10 minute
e) Cand este gata se scoate si se serveste

PENTRU LEGUME

66. Paste de dovlecel cu pesto de busuioc

Produce: 4

INGREDIENTE:
- 2 dovlecei medii, spiralați
- 2 cesti frunze de busuioc
- Suc de la 1 lămâie, proaspăt stors
- 3 catei de usturoi, tocati
- ½ cană de nuci caju, înmuiate în apă peste noapte, apoi scurse

INSTRUCȚIUNI:
a) Puneți fâșii de dovlecel pe o farfurie.
b) Puneți restul ingredientelor într-un robot de bucătărie și amestecați până la omogenizare.
c) Se toarnă sosul peste dovlecel și se servește.

67. Broccoli si rosii

Produce: 3

INGREDIENTE:
- 1 cap de broccoli, taiat buchetele si apoi albit
- ¼ cană de roșii, tăiate cubulețe
- Sare si piper dupa gust
- Pătrunjel tocat pentru decor

INSTRUCȚIUNI:
a) Pune toate ingredientele într-un bol.
b) Se amestecă pentru a acoperi toate ingredientele.
c) Servi.

68. Fettuccine de dovlecel cu taco mexican

Produce: 6

INGREDIENTE:
- 1 lingura ulei de masline
- curcan măcinat de 1 kg
- 1 catel de usturoi, tocat
- 1 lingură pudră de chili
- ¼ linguriță de usturoi pudră
- ¼ lingurita praf de ceapa
- ¼ de linguriță de oregano uscat
- 1 ½ linguriță de chimen măcinat
- ¼ cană apă
- ¼ cană roșii tăiate cubulețe
- 2 dovlecei mari, spiralați
- ½ cană de brânză cheddar mărunțită

INSTRUCȚIUNI:
a) Se pune uleiul într-o oală și se încălzește la foc mediu.
b) Se caleste curcanul timp de 2 minute inainte de a adauga usturoiul si ceapa. Se amestecă încă un minut.
c) Asezonați cu pudră de chili, pudră de usturoi, pudră de ceapă, oregano și chimen măcinat. Se mai caleste inca un minut
d) inainte de a adauga apa si rosiile.
e) Închideți capacul și lăsați să fiarbă timp de 7 minute.
f) Adăugați dovlecelul și brânza și lăsați să fiarbă încă 3 minute.

69. Fasole verde

Produce: 4

INGREDIENTE:
- 11 uncii de fasole verde
- 1 lingura de praf de ceapa
- 1 lingura de ulei de masline
- ½ linguriță de sare
- ¼ linguriță de fulgi de ardei roșu

INSTRUCȚIUNI:
a) Spălați bine fasolea verde și puneți-o în bol.
b) Stropiți fasolea verde cu pudră de leu, sare, chilis și ulei de măsline.
c) Agitați fasolea verde cu grijă.
d) Preîncălziți frigiderul cu aer de 400F.
e) Pune fasolea verde în friteuza și gătește timp de 8 minute.
f) Apoi, agitați fasolea verde și gătiți-o timp de 4 minute sau mai mult la 400 F.

70. Crema de ciuperci Satay

Produce: 6

INGREDIENTE:
- 7 uncii de ciuperci cremini
- 2 linguri lapte de cocos
- 1 lingura de unt
- 1 lingurita fulgi de chili
- ½ linguriță de oțet balsamic
- ½ linguriță pudră de curry
- ½ lingurita piper alb

INSTRUCȚIUNI:
a) Spălați cu grijă ciupercile.
b) Apoi stropiți ciupercile cu fulgi de chili, pudră de curry și piper alb.
c) Preîncălziți friteuza cu aer la 400 F.
d) Aruncă untul în coșul de friteuză și topește-l.
e) Puneți ciupercile în friteuza și gătiți timp de 2 minute.
f) Agitați bine ciupercile și stropiți cu lapte de cocos și oțet balsamic.
g) Fierbeți ciupercile încă 4 minute la 400 F.
h) Apoi se înghesuie ciupercile pe bețișoarele de lemn și se servesc.

71. Hamburger de linte cu morcovi

Produce: 4

INGREDIENTE:
- 6 uncii de linte, fiartă
- 1 ou
- 2 uncii morcov, ras
- 1 lingurita gris
- ½ lingurita sare
- 1 lingurita turmeric
- 1 lingura de unt

INSTRUCȚIUNI:
a) Spargeți oul în bol și bateți-l.
b) Adăugați lintea fiartă și zdrobiți amestecul cu ajutorul furculiței.
c) Apoi stropiți amestecul cu morcovul ras, grisul, sare și turmeric.
d) Se amestecă și se prepară burgeri medii.
e) Pune untul în burgerii de linte. Le va face suculente.
f) Preîncălziți friteuza cu aer la 360 F.
g) Pune burgerii de linte în friteuza și gătește timp de 12 minute.
h) Întoarceți burgerii în altă parte după 6 minute de gătit.
i) Apoi dați la rece burgerii de linte fierte și serviți-i.

72.Cartofi dulci prăjiți cu parmezan

Produce: 2

INGREDIENTE:
- 2 cartofi dulci, decojiti
- ½ ceapă galbenă, feliată
- ½ cană smântână
- ¼ cană spanac
- 2 uncii de brânză parmezan, mărunțită
- ½ lingurita sare
- 1 rosie
- 1 lingurita ulei de masline

INSTRUCȚIUNI:
a) Tăiați cartofii dulci.
b) Tocați roșia.
c) Tăiați spanacul.
d) Pulverizați tava friteuzei cu ulei de măsline.
e) Se aseaza apoi pe stratul de cartof dulce tocat.
f) Adăugați stratul de ceapă tăiată felii.
g) După aceasta, stropiți ceapa feliată cu spanacul și roșiile tocate.
h) Stropiți caserola cu sare și brânză mărunțită.
i) Se toarnă smântână.
j) Preîncălziți friteuza cu aer la 390 F.
k) Acoperiți tava pentru friteuza cu aer cu folie.
l) Gatiti caserola timp de 35 de minute.

73. Pachete de conopidă cu parfum de rozmarin

Produce: 4

INGREDIENTE:
- ⅓ cană de făină de migdale
- 4 căni de conopidă orezată
- ⅓ cană de brânză cheddar sau mozzarella, cu conținut scăzut de grăsimi, măruntită
- 2 oua
- 2 linguri de rozmarin proaspat, tocat marunt
- ½ linguriță de sare

INSTRUCȚIUNI:
a) Preîncălziți cuptorul la 400°F
b) Combinați toate ingredientele într-un bol de mărime medie
c) Puneți amestecul de conopidă în 12 rulouri/biscuiți de dimensiuni egale pe o tavă de copt ușor unsă și tapetată cu folie.
d) Coaceți până devine maro auriu, lucru care ar trebui să fie realizat în aproximativ 30 de minute.

74. Taitei pesto cu dovlecel

Produce: 4

INGREDIENTE:
- 4 dovlecei, spiralați
- 1 lingura ulei de avocado
- 2 catei de usturoi, tocati
- ⅔ cană ulei de măsline
- ⅓ cană parmezan, ras
- 2 căni de busuioc proaspăt
- ⅓ cană migdale
- ⅛ lingurita piper negru
- ¾ linguriță sare de mare

INSTRUCȚIUNI:
a) Adăugați tăiței cu dovlecei într-o strecurătoare și stropiți cu ¼ de linguriță de sare.
b) Acoperiți și lăsați să stea timp de 30 de minute.
c) Scurgeți bine tăiței de dovlecel și uscați.
d) Preîncălziți cuptorul la 400°F.
e) Pune migdalele pe o foaie de copt tapetata cu pergament si coace 6-8 minute.
f) Transferați migdalele prăjite în robotul de bucătărie și procesați până când sunt grosier.
g) Adăugați ulei de măsline, brânză, busuioc, usturoi, piper și restul de sare într-un robot de bucătărie cu migdale și procesați până la textura pesto.
h) Gatiti uleiul de avocado intr-o tigaie mare la foc mediu-mare.
i) Adăugați tăiței de dovlecel și gătiți timp de 4-5 minute.
j) Turnați pesto peste tălțeii de dovlecei, amestecați bine și gătiți timp de 1 minut.
k) Serviți imediat cu somon copt.

75.Cuburi de tempeh de arțar și lămâie

Produce: 4

INGREDIENTE:
- Tempeh; 1 pachet
- Ulei de cocos; 2 până la 3 lingurițe
- Suc de lămâie; 3 linguri
- Sirop din esență de arțar; 2 lingurite
- 1 până la 2 lingurițe Liquid Aminos sau tamari cu conținut scăzut de sodiu
- Apă; 2 lingurite
- Busuioc uscat; ¼ de lingurita
- usturoi pudra; ¼ de lingurita
- Piper negru (proaspăt măcinat); la gust

INSTRUCȚIUNI:
a) Încinge cuptorul la 400 ° C.
b) Tăiați blocul de tempeh în pătrate sub formă de mușcătură.
c) Gatiti uleiul de cocos la foc mediu spre mare intr-o tigaie antiaderenta.
d) Când s-a topit și s-a încălzit, se adaugă tempeh-ul și se gătește pe o parte timp de 2-4 minute, sau până când tempeh-ul capătă o culoare maro-aurie.
e) Întoarceți bucățile de tempeh și gătiți timp de 2-4 minute.
f) Amestecați sucul de lămâie, tamari, siropul de arțar, busuioc, apă, usturoi și piper negru în timp ce tempeh se rumenește.
g) Puneți amestecul peste tempeh, apoi răsuciți pentru a acoperi tempehul.
h) Se caleste 2-3 minute, apoi se intoarce tempeh-ul si se mai caleste inca 1-2 minute.
i) Tempeh-ul, pe ambele părți, ar trebui să fie moale și portocaliu.

76.Salată de rucola și cartofi dulci

Produce: 4

INGREDIENTE:
- 1 kilogram de cartofi dulci
- 1 cană nuci
- 1 lingura ulei de masline
- 1 cană apă
- 1 lingura sos de soia
- 3 cani de rucola

INSTRUCȚIUNI:
a) Coaceți cartofii la 400 F până se înmoaie, îndepărtați și lăsați deoparte
b) Intr-un castron se stropesc nucile cu ulei de masline si se dau la microunde 2-3 minute sau pana se prajesc
c) Într-un bol combinați toate ingredientele pentru salată și amestecați bine
d) Se toarnă peste sosul de soia și se servește

77. Carne de vită cu broccoli sau orez cu conopidă

Produce: 2

INGREDIENTE:
- 1 kilogram de friptură de vită crudă, tăiată fâșii
- 1 lingură + 2 lingurițe sos de soia cu conținut scăzut de sodiu
- 1 pachet Splenda
- ½ cană apă
- 1 ½ cană buchetele de broccoli
- 1 lingurita ulei de masline sau susan
- 2 căni de conopidă fiartă, rasă sau de conopidă de orez congelată

INSTRUCȚIUNI:
a) Se amestecă friptura cu sosul de soia și se lasă să stea aproximativ 15 minute.
b) Se încălzește ulei la foc mediu-mare și se prăjește carnea de vită timp de 3-5 minute sau până se rumenește.
c) Scoateți din tigaie.
d) Puneți broccoli, Splenda și apă.
e) Acoperiți și gătiți timp de 5 minute sau până când broccoli începe să devină fraged, amestecând uneori.
f) Adăugați din nou carnea de vită și încălziți bine.
g) Serviți vasul cu orez cu conopidă.

78. Taitei cu dovlecel de pui

Produce: 2

INGREDIENTE:
- 1 dovlecel mare, spiralat
- 1 piept de pui, fara piele si dezosat
- ½ linguri de jalapeno, tocat
- 2 catei de usturoi, tocati
- ½ lingurita de ghimbir, tocat
- ½ lingurita sos de peste
- 2 linguri crema de cocos
- ½ linguriță miere
- ½ suc de lamaie
- 1 lingura unt de arahide
- 1 morcov, tocat
- 2 linguri caju, tocate
- ¼ cană coriandru
- 1 lingura ulei de masline

INSTRUCȚIUNI:
a) Gatiti uleiul de masline intr-o tigaie la foc mediu-mare.
b) Asezonați pieptul de pui cu piper și sare.
c) Odată ce uleiul este fierbinte, adăugați pieptul de pui în tigaie și gătiți timp de 3-4 minute pe fiecare parte sau până când este fiert.
d) Scoateți pieptul de pui din tigaie.
e) Se toaca pieptul de pui cu o furculita si se da deoparte.
f) Într-un castron mic, amestecați untul de arahide, jalapeno, usturoiul, ghimbirul, sosul de pește, crema de nucă de cocos, mierea și sucul de lămâie.
g) Pus deoparte.
h) Într-un castron mare, combinați dovleceii spiralați, morcovii, caju, coriandru și puiul mărunțit.
i) Se toarnă amestecul de unt de arahide peste tăițeii de dovlecei și se amestecă.
j) Serviți imediat și savurați.

79. Spaghete cu aragaz lent

Produce: 8

INGREDIENTE:
- 1 uncie ulei de măsline
- 4 uncii cârnați italian
- 16 uncii carne de vită măcinată
- 1 lingurita condiment italian, uscat
- ½ lingurita maghiran, uscat
- 1 lingurita de praf de usturoi
- Sos de roșii conservat de 29 uncii
- 6 uncii pastă de roșii conservată
- 1 4 ½ uncii conserve de roșii în stil italian, tăiate cubulețe
- ¼ lingurita frunze de cimbru, uscate
- ¼ lingurita busuioc, uscat
- ½ lingurita oregano
- ⅓ uncie pudră de usturoi
- ½ uncie de zahăr alb

INSTRUCȚIUNI:
a) Preîncălziți uleiul într-o tigaie mare la foc mediu. Căleți ceapa și cârnații în ulei până când ceapa devine translucidă și cârnații se rumenesc uniform.
b) Mutați cârnații în oala de la aragazul lent.
c) Gatiti maghiranul, carnea de vita tocata, condimentele si 1 lingurita de usturoi in aceeasi tigaie timp de 10 minute sau pana cand carnea este sfaramicioasa si rumenita uniform.
d) Transferați carnea de vită în aragazul lent. Amestecați restul ingredientelor în amestecul din slow cooker și gătiți la foc mic timp de 8 ore.

80. Carne de vită Lo Mein

Produce: 4

INGREDIENTE:
- 8 uncii spaghete nefierte
- 1 lingurita ulei de susan
- ½ uncie ulei de arahide
- 4 catei de usturoi tocati
- ½ uncie de ghimbir, tocat
- 32 uncii legume amestecate
- 16 uncii friptură de flanc felii subțiri
- 1 ½ uncie sos de soia
- 1 uncie de zahăr brun
- ½ uncie sos de stridii
- ½ uncie pastă de chili cu aromă de usturoi

INSTRUCȚIUNI:
a) Fierbeți apă cu sare și gătiți tăiței spaghetti timp de 12 minute
b) Scurgeți tăițeii și turnați-i într-un castron mare.
c) Aruncați tăițeii cu ulei de susan și acoperiți vasul pentru a menține tăițeii caldi.
d) Gătiți uleiul de arahide într-o tigaie mare la foc mediu-mare și gătiți usturoiul și ghimbirul în ulei timp de 30 de secunde.
e) Adăugați legumele în tigaie și gătiți timp de 5 minute, apoi adăugați carne de vită și gătiți încă 5 minute sau până se încălzește.
f) Amestecați toate ingredientele timp de 3 minute până când sunt fierbinți.

SUPA ȘI TOCANĂ

81. Supă de roșii prăjite

Produce: 6

INGREDIENTE:
- 3 kilograme de roșii la jumătate
- 6 usturoi (zdrobit)
- 4 lingurite ulei de gatit sau ulei virgin
- Sarat la gust
- ¼ cană de smântână groasă (opțional)
- Frunze de busuioc proaspăt tăiate felii pentru ornat

INSTRUCȚIUNI:
a) Cuptor la căldură medie de aproximativ 427f, preîncălziți cuptorul.
b) În bolul tău, amestecă roșiile tăiate în jumătate, usturoiul, uleiul de măsline, sare și piper
c) Întindeți amestecul de roșii pe foaia de copt deja pregătită
d) Pentru un proces de 20-28 de minute, prăjiți și amestecați
e) Apoi scoateți-l din cuptor și legumele prăjite trebuie acum transferate într-o oală de supă
f) Se amestecă frunzele de busuioc
g) Amestecați în porții mici într-un blender
h) Serviți imediat

82. Supă Cheeseburger

Produce: 4

INGREDIENTE:
- 14,5 uncii pot cubulețe de roșii
- 1 kilogram de carne de vită macră tocată 90%.
- ¾ cană de țelină tocată
- 2 lingurite de sos Worcestershire
- 3 căni de supă de pui cu conținut scăzut de sodiu
- ¼ lingurita de sare
- 1 lingurita de patrunjel uscat
- 7 căni de baby spanac
- ¼ lingurita de piper macinat
- 4 uncii de brânză cheddar mărunțită cu conținut redus de grăsimi

INSTRUCȚIUNI:
a)   Luați o oală mare de supă și gătiți carnea de vită până devine maronie.
b)   Adaugati telina si caliti pana devine frageda.
c)   Se ia de pe foc si se scurge excesul de lichid. Se amestecă bulionul, roșiile, pătrunjelul, sosul Worcestershire, piperul și sarea.
d)   Acoperim cu capac si lasam sa fiarba la foc mic aproximativ 20 de minute.
e)   Adăugați spanacul și lăsați-l la fiert până se ofilește în aproximativ 1-3 minute.
f)   Acoperiți fiecare porție cu 1 uncie de brânză.

83. Chili rapid de linte

Produce: 10

INGREDIENTE:
- 1½ cană de piper fără semințe sau cubulețe
- 5 căni de bulion de legume (ar trebui să aibă un conținut scăzut de sodiu)
- 1 lingura de usturoi
- ¼ linguriță de piper proaspăt măcinat
- 1 cană de linte roșie
- 3 lingurițe umplute de pudră de chili
- 1 lingura de chimen macinat

INSTRUCȚIUNI:
a) Puneți oala la foc mediu
b) Combinați ceapa, ardeiul roșu, bulionul de legume cu conținut scăzut de sodiu, usturoiul, sare și piper
c) Gatiti si amestecati mereu pana ce ceapa devine mai translucida si tot lichidul se evapora. Acest lucru va dura aproximativ 10 minute.
d) Adăugați bulionul rămas, sucul de lămâie, pudra de chili, lintea, chimenul și fierbeți.
e) Reduceți căldura în acest moment, acoperiți-l timp de aproximativ 15 minute pentru a se fierbe până când lintea este gătită corespunzător.
f) Stropiți puțină apă dacă amestecul pare să fie gros.
g) Ardeiul iute va fi făcut în mod corespunzător atunci când cea mai mare parte a apei este absorbită.
h) Serviți și savurați.

84. Pui Lămâie-Usturoi

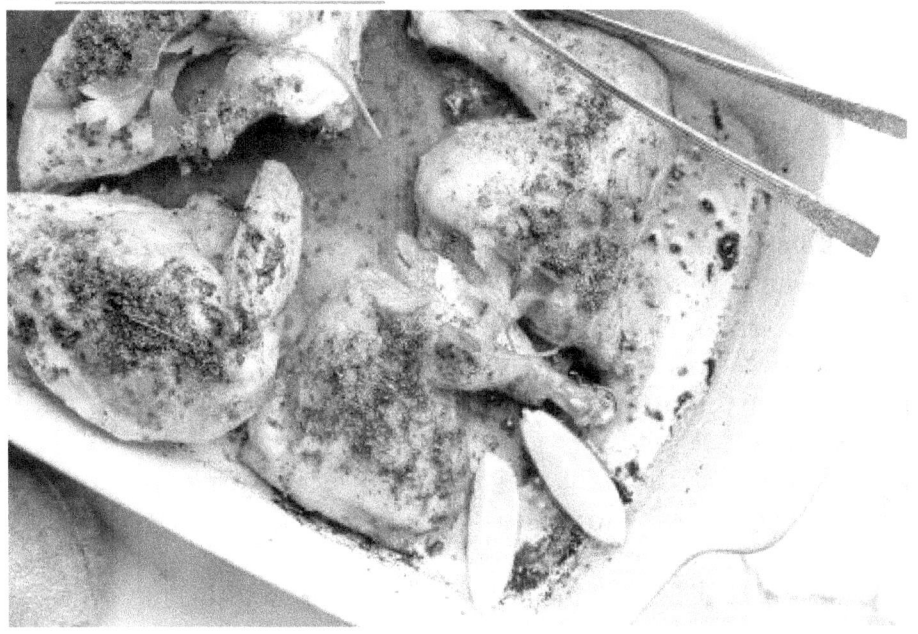

Produce: 4

INGREDIENTE:
- 1 lămâie mică, cu suc
- 1 ¾ de kilograme de pulpe de pui cu os, fără piele
- 2 linguri de oregano proaspăt, tocat
- 2 catei de usturoi, tocati
- 2 lbs. de sparanghel, tuns
- ¼ de linguriță fiecare sau mai puțin pentru piper negru și sare

INSTRUCȚIUNI:
a) Preîncălziți cuptorul la aproximativ 350F. Pune puiul într-un castron de mărime medie.
b) Acum, adăugați usturoiul, oregano, sucul de lămâie, piperul și sarea și amestecați împreună pentru a se combina.
c) Se prăjește timp de 40 de minute.
d) Odată ce pulpele de pui s-au fiert, se scot și se lasă deoparte să se odihnească.
e) Acum, aburați sparanghelul pe o plită sau într-un cuptor cu microunde până la nivelul dorit.
f) Serviți sparanghelul cu pulpele de pui prăjite.

85. Supă cremoasă de conopidă

Produce: 6

INGREDIENTE:
- 5 căni de orez cu conopidă
- 8 uncii de brânză cheddar, rasă
- 2 cani de lapte de migdale neindulcit
- 2 cani de supa de legume
- 2 linguri de apa
- 2 catei de usturoi, tocati
- 1 lingura ulei de masline

INSTRUCȚIUNI:
a) Gatiti uleiul de masline intr-o oala mare la foc mediu.
b) Se adauga usturoiul si se fierbe 1-2 minute. Adauga orezul cu conopida si apa.
c) Acoperiți și gătiți timp de 5-7 minute.
d) Acum adăugați supa de legume și laptele de migdale și amestecați bine.
e) Se aduce la fierbere.
f) Dați focul la mic și fierbeți timp de 5 minute.
g) Opriți căldura.
h) Adăugați încet brânză cheddar și amestecați până se omogenizează.
i) Asezonați supa cu piper și sare.
j) Se amestecă bine și se servește fierbinte.

86. Crockpot Supă de Pui Taco

Produce: 6

INGREDIENTE:
- 2 piept de pui dezosat congelat
- 2 conserve de fasole albă sau fasole neagră
- 1 conserve de roșii tăiate cubulețe
- ½ pachet de condimente pentru taco
- ½ linguriță de sare de usturoi
- 1 cană de supă de pui
- Sare si piper dupa gust
- Chipsuri de tortilla, smântână de brânză și coriandru ca topping

INSTRUCȚIUNI:
a) Pune puiul congelat în oala și pune și celelalte ingrediente în piscină.
b) Se lasa la fiert aproximativ 6-8 ore.
c) După ce ați fiert, scoateți puiul și tăiați-l la dimensiunea dorită.
d) În cele din urmă, puneți puiul mărunțit în crockpot și puneți-l într-un aragaz lent. Se amestecă și se lasă să se gătească.
e) Puteți adăuga mai multe fasole și roșii, de asemenea, pentru a ajuta la întinderea cărnii și pentru a o face mai gustoasă.

87. Tofu prăjit cu tocană de sparanghel

Produce: 4

INGREDIENTE:
- 1 kilogram de sparanghel, tăiați tulpinile
- 2 linguri ulei de masline
- 2 blocuri de tofu, presat si taiat cubulete
- 2 catei de usturoi, tocati
- 1 lingurita amestec de condimente cajun
- 1 lingurita mustar
- 1 ardei gras, tocat
- ¼ cană bulion de legume
- Sare si piper negru, dupa gust

INSTRUCȚIUNI:
a) Folosind o cratiță mare cu apă ușor sărată, puneți în sparanghel și gătiți până se înmoaie timp de 10 minute; scurgere.
b) Pune un wok la foc mare și ulei de măsline cald; se amestecă cuburi de tofu și se fierbe timp de 6 minute.
c) Se pune în usturoi și se fierbe timp de 30 de secunde până când se înmoaie.
d) Adăugați ingredientele rămase, inclusiv sparanghelul rezervat, și gătiți încă 4 minute.
e) Împărțiți în farfurii și serviți.

88. Supă cremă de roșii de cimbru

Produce: 6

INGREDIENTE:
- 2 linguri ghee
- ½ cană nuci caju crude, tăiate cubulețe
- 2 conserve de roșii (28 uncii).
- 1 lingurita frunze de cimbru proaspat + extra pentru ornat
- 1 ½ cană apă
- Sare si piper negru dupa gust

INSTRUCȚIUNI:
a) Gatiti ghee intr-o oala la foc mediu si caliti ceapa timp de 4 minute pana se inmoaie.
b) Se amestecă roșiile, cimbrul, apa, caju și se condimentează cu sare și piper negru.
c) Se acoperă și se lasă la fiert timp de 10 minute până când sunt bine gătite.
d) Deschideți, opriți focul și pasați ingredientele cu un blender de imersie.
e) Se ajustează după gust și se amestecă smântâna groasă.
f) Se pune în boluri cu supă și se servește.

89. de ciuperci și jalapeño

Produce: 4

INGREDIENTE:
- 2 lingurite ulei de masline
- 1 cană de praz, tocat
- 1 cățel de usturoi, tocat
- ½ cană tulpini de țelină, tocate
- ½ cană morcovi, tocați
- 1 ardei gras verde, tocat
- 1 ardei jalapeño, tocat
- 2 ½ cani de ciuperci, feliate
- 1 ½ cani de supa de legume
- 2 rosii, tocate
- 2 crengute de cimbru, tocate
- 1 crenguță de rozmarin, tocată
- 2 foi de dafin
- ½ lingurita sare
- ¼ lingurita piper negru macinat
- 2 linguri de otet

INSTRUCȚIUNI:
a) Puneti o oala la foc mediu si incalziti uleiul.
b) Adăugați usturoiul și prazul și prăjiți până când devine moale și translucid.
c) Adăugați piper negru, țelină, ciuperci și morcovi.
d) Gatiti in timp ce amestecati timp de 12 minute; amestecați un strop de supă de legume pentru a vă asigura că nu se lipește.
e) Se amestecă restul ingredientelor.
f) Setați căldura la mediu; lăsați să fiarbă 25 până la 35 de minute sau până când este fiert.
g) Împărțiți în boluri individuale și serviți cald.

90.Supă de conopidă

Produce: 4

INGREDIENTE:
- 2 linguri ulei de masline
- 1 lingurita de usturoi, tocat
- 1 kilogram de conopidă, tăiată în buchete
- 1 cană de varză, tocată
- 4 căni de bulion de legume
- ½ cană lapte de migdale
- ½ lingurita sare
- ½ linguriță fulgi de ardei roșu
- 1 lingura patrunjel proaspat tocat

INSTRUCȚIUNI:
a) Puneți o oală la foc mediu și încălziți uleiul.
b) Adăugați usturoiul și ceapa și căliți până se rumenesc și se înmoaie.
c) Puneți în bulion de legume, kale și conopidă; gătiți timp de 10 minute până când amestecul fierbe.
d) Se amestecă fulgii de piper, sarea și laptele de migdale; reduceți focul și fierbeți supa timp de 5 minute.
e) Transferați supa într-un blender de imersie și amestecați pentru a obține consistența dorită; acoperiți cu pătrunjel și serviți imediat.

DESERT

91. Budinca de Chia

Produce: 2

INGREDIENTE:
- 4 linguri de seminte de chia
- 1 cană lapte de cocos neîndulcit
- ½ cană de zmeură

INSTRUCȚIUNI:
a) Adăugați zmeura și laptele de cocos într-un blender și amestecați până la omogenizare.
b) Turnați amestecul în borcanul de sticlă.
c) Adăugați semințele de chia într-un borcan și amestecați bine.
d) Sigilați borcanul cu un capac și agitați bine și puneți la frigider pentru 3 ore.
e) Serviți rece și savurați.

92. Budincă de lime-avocado

Produce: 9

INGREDIENTE:
- 2 avocado coapte, fără sâmburi și tăiate bucăți
- 1 lingură suc proaspăt de lămâie
- Cutie de 14 oz lapte de cocos
- 2 lingurite stevia lichida
- 2 lingurite de vanilie

INSTRUCȚIUNI:
a) Încorporați toate ingredientele și amestecați până la omogenizare.
b) Servi.

93. Mușcături de Brownie

Produce: 13

INGREDIENTE:
- ¼ cană chipsuri de ciocolată neindulcite
- ¼ cană pudră de cacao neîndulcită
- 1 cană nuci pecan, tocate (½ slabe)
- ½ cană unt de migdale
- ½ linguriță de vanilie
- ¼ cană îndulcitor de fructe călugăr
- ⅛ lingurite sare roz

INSTRUCȚIUNI:
a) Adăugați nuci pecan, îndulcitor, vanilie, unt de migdale, pudră de cacao și sare în robotul de bucătărie și procesați până se combină bine.
b) Transferați amestecul de brownie într-un castron mare. Adăugați fulgi de ciocolată și amestecați bine.
c) Faceți bile mici de formă rotundă din amestecul de brownie și puneți-le pe o tavă de copt.
d) Pune la congelator timp de 20 de minute.

94. Bile de dovleac

Produce: 18

INGREDIENTE:
- 1 cană unt de migdale
- 5 picături stevia lichidă
- 2 linguri faina de cocos
- 2 linguri piure de dovleac
- 1 lingurita de condiment pentru placinta cu dovleac

INSTRUCȚIUNI:
a) Se amestecă într-un castron mare piureul de dovleac și untul de migdale până se combină bine.
b) Adăugați stevia lichidă, condimentul pentru plăcintă de dovleac și făina de cocos și amestecați bine.
c) Faceți bile mici din amestec și puneți-le pe o tavă de copt.
d) Pune la congelator timp de 1 ora.

95. Ciocolată Nuci Clusters

Produce: 25

INGREDIENTE:
- 9 uncii chipsuri de ciocolată neagră fără zahăr
- ¼ cană ulei de cocos nerafinat
- 2 cani de nuci amestecate sarate

INSTRUCȚIUNI:
a) Tapetați o tavă de copt cu ramă cu hârtie de copt sau un covor de copt din silicon.
b) Într-un castron sigur pentru cuptorul cu microunde, puneți o bucată de fulgi de ciocolată și uleiul de cocos și puneți la microunde până când ciocolata se topește.
c) Folosește o spatulă pentru a amesteca. Lăsați-l să se răcească până la o anumită măsură înainte de utilizare.
d) Se amestecă până când toate nucile se suprapun în interiorul ciocolatei.
e) Pune o lingură gigantică de combo pe foaia de pregătire pregătită.
f) Păstrați resturile la frigider timp de până la trei săptămâni.

96. Bombe cu unt de nucă de cocos și cacao

Produce: 12

INGREDIENTE:
- 1 cană ulei de cocos
- ½ cană de unt nesărat
- 6 linguri pudra de cacao neindulcita
- 15 picături stevia lichidă
- ½ cană unt de cocos

INSTRUCȚIUNI:
a) Într-o cratiță, puneți untul, uleiul de cocos, pudra de cacao și stevia și gătiți la foc mic, amestecând des până se topește.
b) Topiți untul de cocos într-o altă cratiță la foc mic.
c) Turnați 2 linguri de amestec de cacao în fiecare godeu a unei forme de silicon cu 12 căni.
d) Adăugați 1 lingură de unt de cocos topit în fiecare godeu.
e) Se da la congelator pana se intareste, aproximativ 30 de minute.

97. Tort cu afine cu lamaie

Produce: 4

INGREDIENTE:
Pentru tort:
- ⅔ cană făină de migdale
- 5 oua
- ⅓ cană lapte de migdale, neîndulcit
- ¼ cană eritritol
- 2 lingurite extract de vanilie
- Suc de 2 lămâi
- 1 lingurita coaja de lamaie
- ½ lingurita de bicarbonat de sodiu
- Vârf de cuțit de sare
- ½ cană de afine proaspete (½ slabe)
- 2 linguri de unt, topit

PENTRU GLAURA:
- ½ cană smântână groasă
- Suc de 1 lămâie
- ⅛ cană eritritol

INSTRUCȚIUNI:
a) Preîncălziți cuptorul la 350F
b) Intr-un castron adaugam faina de migdale, ouale si laptele de migdale si amestecam bine pana se omogenizeaza.
c) Adăugați eritritol, un praf de sare, bicarbonat de sodiu, coaja de lămâie, suc de lămâie și extract de vanilie. Se amestecă și se combină bine.
d) Încorporați afinele.
e) Folosiți untul pentru a unge tava cu arc.
f) Se toarnă aluatul în tavile unse cu unt. Puneți pe o foaie de copt pentru o coacere uniformă. Se da la cuptor la copt pana se fierbe la mijloc si se rumeneste usor deasupra, aproximativ 35-40 de minute.
g) Se lasa sa se raceasca inainte de a se scoate din tava. Se amestecă eritritolul, sucul de lămâie și smântâna groasă. Amesteca bine.
h) Se toarnă glazura deasupra. Servi.

98. Scoarță de ciocolată-migdale

Produce: 10

INGREDIENTE:
- ½ cana migdale prajite, tocate
- ½ cană de unt
- 10 picături de stevie
- ¼ lingurita sare
- ½ cană fulgi de nucă de cocos neîndulciți 9⅛ condiment)
- 4 uncii de ciocolată neagră

INSTRUCȚIUNI:
a) Încălziți untul și ciocolata în cuptorul cu microunde timp de 90 de secunde.
b) Scoateți-l și amestecați cu stevia.
c) Pregătiți o foaie de prăjituri cu hârtie cerată și întindeți uniform ciocolata.
d) Deasupra se stropesc migdalele, fulgii de nucă de cocos și se stropesc cu sare.
e) Răciți timp de 60 de minute.

99. Alimentarea cu mousse

Produce: 2

INGREDIENTE:
- 1 pachet cacao fierbinte Optavia
- ½ cană gelatină fără zahăr
- 1 lingura crema usoara de branza
- 2 linguri apa rece
- ¼ cană gheață pisată

INSTRUCȚIUNI:
a) Pune toate ingredientele într-un blender.
b) Pulsați până la omogenizare.
c) Se toarnă în pahar și se pune la frigider să se întărească.
d) Servit rece.

100. Avocado umplut

Produce: 2

INGREDIENTE:
- 1 avocado, tăiat la jumătate și fără sâmburi
- 10 uncii de ton conservat, scurs
- 2 linguri rosii uscate la soare, tocate
- 1 și ½ lingură pesto de busuioc
- 2 linguri de masline negre, fara samburi si tocate
- Sare si piper negru dupa gust
- 2 lingurite de nuci de pin, prajite si tocate
- 1 lingura busuioc, tocat

INSTRUCȚIUNI:
a) Combinați tonul cu roșiile uscate într-un bol și restul ingredientelor, cu excepția avocado, și amestecați.
b) Umpleți jumătățile de avocado cu amestecul de ton și serviți ca aperitiv.

CONCLUZIE

Pe măsură ce ne încheiem călătoria prin „Cartea de bucate completă fără cereale", sperăm că ați descoperit bucuriile consumului fără cereale și ați experimentat impactul pozitiv pe care îl poate avea asupra sănătății și bunăstării dumneavoastră. Fiecare rețetă pe care ați pregătit-o a fost un pas către un stil de viață vibrant, fără cereale.

Vă încurajăm să continuați să explorați această cale, să experimentați cu arome și să personalizați mâncărurile fără cereale pentru a se potrivi preferințelor dumneavoastră. Cu creativitatea în bucătărie și concentrarea pe ingrediente sănătoase și bogate în nutrienți, puteți face din mesele fără cereale o parte permanentă și plăcută a vieții dvs.

Vă mulțumim că ne permiteți să facem parte din aventura voastră culinară. Pe măsură ce continuați să savurați aceste mâncăruri bogate în nutrienți, fără cereale, călătoria dvs. să fie plină de vitalitate, satisfacție și gustul delicios al sănătății vibrante. Iată un viitor de mese aromate, fără cereale!

www.ingramcontent.com/pod-product-compliance
Lightning Source LLC
Chambersburg PA
CBHW071907110526
44591CB00011B/1577